決定版

巨大地震から子どもを守る50の方法

危機管理アドバイザー
国崎信江
＋地震から子どもを守る会

ブロンズ新社

はじめに

家族で災害を切りぬけ いのちをつなぐために……

1995年の阪神・淡路大震災に衝撃を受けて以来、私は防災に取りくみつづけてきました。しかし、その記憶も薄れぬうちに、各地で次々と地震がおこり、ついに国内観測史上最大の東日本大震災が発生してしまいました。マグニチュード9.0の巨大地震とそれに伴う大津波は、一瞬にして東北沿岸の町をのみこみ、壊滅的な被害をもたらしました。死者・行方不明者約2万人。建物倒壊100万棟超。同時にいくつもの市町村を襲った広域災害は、これまでの常識をくつがえすものでした。

阪神・淡路大震災は都市型災害、新潟県中越地震は山間地域の災害、そして今回の東日本大震災は海辺の地域の災害。こうして地震がおこるたびに、いつも新たな教訓が生まれています。私たちは、そこからできる限りのことを学び、新しい問題に目を向け、備えていくことが必要だと思います。

私は震災直後から被災地を訪問し、たくさんの被災者の方の涙にふれてきました。そして行く先々で、言葉をかけられました。

「こんなことは私たちでもうたくさん。あなたたちは、ちゃんと備えて」

私たちはこの想いをしっかりと受けとめていかなくてはいけないのです。

国の地震調査研究推進本部は、2004

年、30年以内に首都直下を含め、南関東に地震がおこる確率を70％程度と発表していましたが、東京大学の地震研究所の研究チームが2012年に発表したデータによると、マグニチュード7級の首都直下型地震が4年以内に発生する確率は50％とも70％ともいわれています。
中央防災会議の想定によると、東京湾北部を震源にマグニチュード7.3の地震がおきた際、建物の全壊・焼失は約85万棟にのぼり、最大で約1万1,000人もの死者が出ると想定されています。
ところが多くの方は、今でも自分は安全な場所にいると信じています。本当に安全なのか、それは確実なのかを、今こそ見直す必要があります。何もしないでいのちを守れるほど、巨大地震は甘くないのです。
地震被害を最小限におさえるには、「自立した備え」が必要です。「自分の食は自分で確保しよう」「自分の排泄は自分で処理しよう」「簡単な応急手当の方法を学んでおこう」――これら1つひとつを実行に移し、確実に積みあげていくことが、巨大地震からいのちを守ることにつながるのです。
本書では、母親でもある私が実践している「自立した備え」の数々を紹介しています。地震への対策というと、と

かく「非常持ちだし袋」など、避難所生活を前提とした対策が取りあげられがちですが、長年防災に取りくむ中で私がたどりついたのは、自宅を「地震に強い家」にすることでした。地震に負けない頑丈な家があれば、避難所で不自由な生活をしなくてすみます。自宅に備蓄しておけば、たとえライフラインが途絶えても生きのびることができます。そんな思いから、私は、2008年、住みなれた町をあとにし、新居を構えました。よく、親戚や友人たちから「なぜ、故郷を離れてまで？」と聞かれます。答えはひとつ。「子どもと家族を守るため」です。

本書では、私が実践している地震対策をはじめ、耐震化への自治体の助成や保険加入に向けてプロに聞いたアドバイスなど、できる限り具体的な方法を50にまとめてみました。

防災への取りくみ方は、それぞれのご家庭の生き方、考え方、価値観によって、異なるでしょう。どこまで備えるのか、どこまでお金をかけるのかなど、ご家族で話し合って、じっくり考えてみてください。

家族で災害を切りぬけ、いのちをつなぐために、少しでもみなさんのお役に立つことができればと願っています。

国崎信江

もくじ

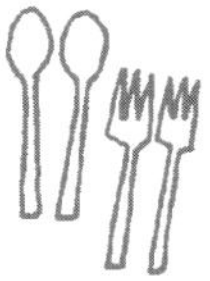

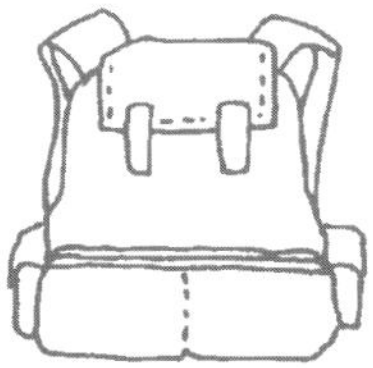

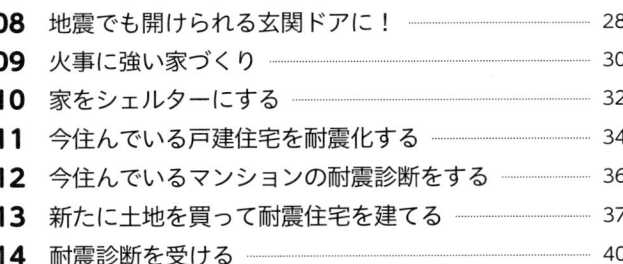

Chapter 2 自宅で生きのびるストック術

Chapter 3 家族が生きのびる防災マニュアル

Chapter 4 暮らしを守る保険について

Chapter 5 地震と２次災害への対応マニュアル

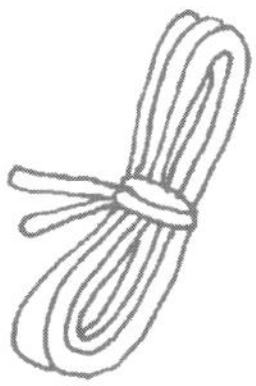

Chapter 6 地震のあとの暮らしについて

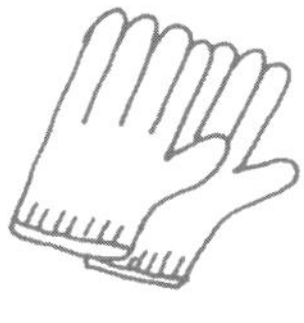

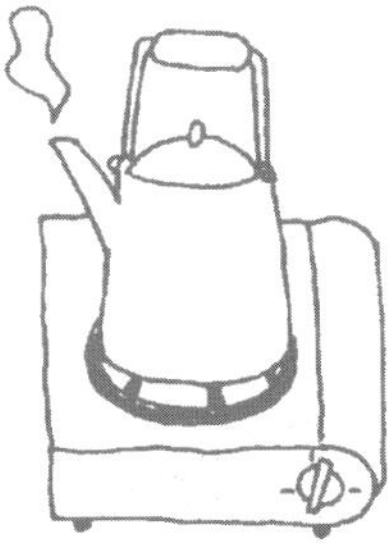

3.11 わたしの体験 1

図書室の本棚が倒れてきて

仙台市の高校で教師をしています。高校の図書室で作業をしているときに被災。激しい揺れに、高さ２ｍの本棚がバタバタと倒れ、本があちこちに散乱し、立っていられず、机の下にもぐりました。時計を見ながら揺れがおさまるのを計っていましたが、１分を過ぎても激しい揺れは一向におさまらず、「これはすごい地震がきた」と思いました。校内に残っていた生徒の安全を確認し、その日は帰れなくなった十数名の生徒たちと、5人の教師で学校に泊まりました。妻と子どもと連絡を取ろうにも携帯が通じず、災害伝言ダイヤルも、いざとなるとうまく使えません。ふだんから練習をしておくべきだったと思いました。幸い家族は実家に避難していて無事会うことができましたが、ふだんから対策をとっておくことの必要性を痛感しました。

（宮城県仙台市　40歳　教師）

バスがトランポリンのようにバウンド

私は仕事で大船渡市のショッピングセンターにいたときに、地震にあいました。とても立っていられず、怖くてしゃがみこみました。パチパチという音がして一気に停電。店内は真っ暗になりました。薬局の商品が次々棚から落ち、通路をふさぎました。外を見るとバスがトランポリンのように、ボンボンと跳びあがっては落ちて……。電信柱は大きくしなり、道はゆがんで見えました。ゴーッという、たとえようもない音も聞こえました。津波警報が鳴りはじめ、あっちからもこっちからも消防士さんたちが猛スピードで出てきて、「あがれ〜」「あがれ」と指示を出しはじめました。早く帰らなければという一心で、屋内の駐車場に行くと、天井がパラパラと落ちはじめ、照明器具がぶら下がり、出口は大渋滞。救急車や自衛隊の車両がすごい勢いで走っていて、怖さが増しました。

（岩手県花巻市　31歳　自営業）

机を燃やして暖をとる

最大時は1,000人以上もの人が避難していた娘の中学校。とにかくつらかったのは寒さでした。低体温症でいのちを落とされた方も出たほどでした。
中学校の生徒は、地震のあと、上履きのまま自宅に帰ったので、下駄箱にはたくさんの外履きやスニーカーなどが残されていました。津波からいのちからがら逃げてきた方の中には、靴すらない人もたくさんいらして、子どもたちの靴はほとんどなくなりました。教室のカーテンも持ちさられました。でも、そうでもしなければ生きのびられなかったのだと思います。
あまりの寒さに、学校の教室の机を燃やして暖をとろう、という声があがったことがありました。火災のおそれがあるのでそれは許可できない、と行政の人たちは反対しましたが、校長先生が自分の責任で許可する、といってくださり、多くの人が暖をとることができました。それくらい必死な状況でした。

（岩手県陸前高田市　32歳　主婦）

オムツだけを持って避難！

陸前高田市に住んでいます。１歳の子どもと保育園の年長、小学校１年生の３人の子どもがいます。地震のとき、１歳の息子と私は家にいたので、私が小学校へ、主人は保育園に迎えにいくという分担に。そして、高台にあるおじさんの家で集合ということにしました。
慌てていた私は、お財布も、銀行通帳も持たずに、オムツ数枚だけをわしづかみに家を出ました。またすぐ戻ってこられるんだからと、当然のように思っていました。家もすべて流されてしまった今、なんでオムツだけ持ったんだろう？という気持ちもありますが、気も動転していたし、これがなくては困るという気持ちも強かったんだと思います。

（岩手県陸前高田市　43歳　主婦）

逃げてさえいたら、いのちはあったのに

夫の職場は５階建てのビルですが、ほとんどの人がビルの屋上に避難して助かりました。けれども、ただひとり、「３歳の孫の様子を見にいきたい」と懇願する社員の女性がいらして、その方を行かせてしまったら、１階の更衣室で津波にあい、いのちを落とされました。

自宅で療養中のお母さんを、娘とその孫が心配して迎えにもどったため、全員が亡くなってしまった知人もいらっしゃいます。

石巻は、本当に亡くなった方が多いです。今回の震災の犠牲者の半分は宮城県の方、その宮城の犠牲者の半分が石巻だったともいわれています。亡くなった方々は、津波から逃げなかったか、逃げおくれたか、家族などを心配して戻ったか、のいずれかでした。津波のときは、本当にまずは「てんでんこ」で逃げなければならない、という教訓が残りました。　（宮城県石巻市　48歳　主婦）

新聞紙をお腹にまいてクッキー２個でひと晩

地震後の夜は、イベント会場で過ごしました。そこには500人くらいの人がいたのでしょうか。何といっても寒さが一番つらくて、少しでも寒さを防ぐために新聞紙をお腹に巻いて、手持ちのクッキー２個でひと晩過ごしました。外は真っ暗で、風も強く、本当にこの世の終わりだと思いました。

それでも、あのとき、地元の消防団の方々の指示に従って真っ先に上の階へ避難し、いのちをとり止めたことがすべてであったと思います。海のそばで生きてきた人間として、小さなころから「津波がきたら、とにかく高台へ逃げろ」と教えられてきました。いろいろなものを失いましたが、体さえあれば、いのちさえあれば、働いてまたお金を稼ぐことができます。これからの苦労を「定め」と受けとめるようにしようと思っています。　（宮城県石巻市　55歳　自営業）

獣道を歩いてきてくれました

主人は牡蠣の漁師をしています。当日はたまたま漁には出ていませんでしたが、海岸にいました。地震後は、海岸から高台へ、さらに高台へ、もう一度さらなる高台へと３回も逃げて、難を逃れました。地震の翌日、娘たちと私が小学校にいるという情報を得て、山を２つ越え、獣道を３時間も歩いて、小学校に迎えにきてくれました。すべての道路は流されてしまったので、残ったのは獣道だけでした。地震後はわが家ともう１軒の井戸が使えたので、１日２回電動で地域の１日分の水を汲みあげて使いました。電気は数日で復旧したと思います。

（岩手県　39歳　主婦）

津波ですべて流されてしまいました

家は津波ですべて流されてしまい、何も残りませんでした。最初は避難所に入りましたが、子どもは３歳と５歳でまだまだ小さく、避難所生活は難しかったです。まわりの目が気になって、気になって。夜泣いたり、甘えたり、わがままになったりする子どもたちを、私は叱ってばかりいました。仮設住宅の申し込みは、はじまるとすぐにしました。幸いにも早い時点であたり、４月に入れることになりました。小さい子どもがいたから有利だったのかもしれません。今の仮設住宅は１部屋とキッチンなので、家族５人ではとても狭く、お風呂も毎日入ると水が出なくなったり、大きい冷蔵庫もおけない。洗濯機は共同なのでつらいです。でも避難所よりはずっといいと感謝しています。娘たちが「あのおもちゃがどうしてもほしい」「今からとりに行こう」ということがあります。ないとわかっているのに、甘えているんだと思うとつらいです。思い出はみんななくなってしまいました。

（岩手県陸前高田市　31歳　主婦）

車が火をふいて燃えていきました

仙台市の荒浜にあるイベント会場で、物産展に出店していたところで地震にあいました。揺れの直後、会場の職員の方から、「津波が来るから上の階に逃げて！」と誘導があり、はじめは３階に逃げたのですが、「もっと上へ！」という逼迫した声に、５階に駆けあがりました。そこから、２～３階を津波が襲うさまを見ることになりました。会場の広い駐車場にとめてあった車は全部、木の葉のように流されていきました。途中、木などにぶつかって火をふき、炎上する車もありました。

女川市は、自宅も工場もすべて津波で流されてしまいました。翌日水がひいたので、車を探しにいくと、どの車からもカーナビやＥＴＣの機器だけがなくなっていました。こんなときにも、そんなことをする人がいるのだという現実を知りました。私は車の地震保険に入っていなかったので、補償はまったく望めませんでした。

（宮城県女川市　50歳　水産加工業）

耐震対策をしていたテレビだけは無傷

耐震構造の15階建てマンションの12階に住んでいます。地震後帰宅すると、エレベーターはすべてストップ。ドアを開けると、縦だったものはすべて横になっている状態。タンスは倒れ、食器棚のガラス、食器類はすべて割れて散乱、割れたガラスがテーブルの下にも飛びちっている状態でした。冷蔵庫も倒れ、向かいのキッチンでかろうじて支えられていました。タンスが倒れこみ、ドアが開かなくなった部屋もありました。でも「震度７でも倒れない」というゴム製の耐震バンドをつけておいたテレビだけは無傷でした。耐震グッズは、本当に効果があるのだと思いました。わが家には４歳の子どもがいるのですが、被害の凄まじさを目のあたりにし、地震後は地震対策を徹底しています。

（宮城県仙台市　35歳　主婦）

Chapter

1

自宅を安全空間に

すぐにでもはじめられる地震対策から、耐震化工事の助成まで、避難せずに住みつづけられる空間づくりを目指します。子どもの動線と目線で、自宅を見直してみましょう。

01

大型家具・家電製品をしっかりぴったり固定

ガチッ

東京理科大学の調査によると、東日本大震災によって、関東地方にある24階以上の超高層マンションの高層階のうち、７割以上の住居で、タンスや冷蔵庫、食器棚が転倒、移動したことがわかりました。

電子レンジは、小学校低学年の子どもの頭の高さにおかれていることが多く、滑って頭を直撃したら、いのちを奪うことにもなりかねません。

そこで私は、電子レンジやトースターは低い位置におき、テレビ、冷蔵庫、パソコン、本棚などの大きな家具はすべて固定しています。できるだけ家具を減らすように心がけ、わが家にはタンスはありません。

固定グッズは、いろいろな商品が発売されています。耐震強度もさまざまです。家具や壁、床などの素材や配置に合ったものを見つけましょう。東日本大震災を受けて、震度７に対応可能な商品もたくさん市販されています。

戸建住宅ではもちろん、マンションの高層階では「固定は必須」。耐震ジェルマットや転倒防止器具を使って、家中の家具をしっかりぴったり固定することからはじめて、まずは自宅を安全な場所にしましょう。

家具を固定するグッズ

チェーンで固定する

金具を家具と壁の両方にネジで取りつけて、チェーンやベルトなどでつなぐ方法。家具の側面に下向きに30度の角度でピンと張り、たるみをつくらないのがコツ。

なるべく軽いものは上に、
重いものは下に入れると転倒防止に効果大!

L字型金具で固定する

L字型金具とネジで、家具と壁を直接固定する方法。賃貸などで壁に穴をあけられない場合は、専門家に相談してみましょう。

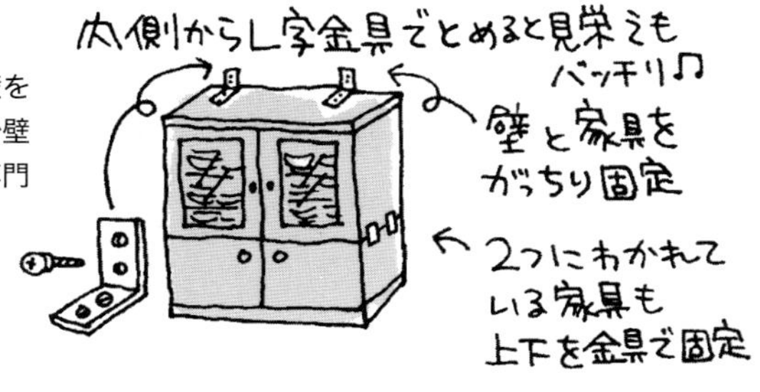

つっぱり棒や収納ラックで固定する

2本のつっぱり棒を家具と天井のすき間につけて固定する方法。空いているスペースに収納ラックを入れるタイプもあります。

ジェルマットで固定する

強力な粘着マットで、家具の転倒やずれを防止する方法。貼るだけなので家具や壁を傷めることもなく、取りつけも簡単。水で濡らせば粘着力が復活するので、くり返し使うことができます。サイズに合わせて切って使うタイプ、ベルトタイプ、L型タイプ、T型タイプなどいろいろな商品があります。

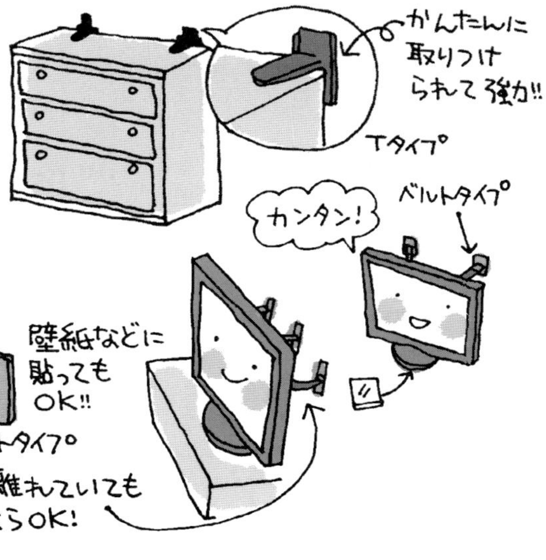

02

あらゆる扉をロック＆ロック！

棚や引き出しから中身が飛びださないための工夫も大切です。
「たかが食器や本くらい……」とあなどってはいけません。東日本大震災を含め過去の地震でも、棚から本が落ちてきて亡くなった方がいます。
収納物が飛びだすということは、凶器が飛びだすということ。中身の飛びだし対策まで完璧にして、はじめて安全な家といえるのです。
食器棚はもちろん、冷蔵庫、クローゼット、下駄箱など、家中のあらゆる戸棚の扉に、フックやストッパーを取りつけましょう。
それでも、ストッパーに能力以上の重さがかかったり、揺れを感知できなかったりといったケースがないとはいいきれません。
そこで私は、すべての棚の中に滑り止めシートを敷いて、食器などの収納物が滑らないようにしています。滑り止めシートは100円ショップでも購入可能です。
また、つり戸棚のような高い場所にある戸棚には、重い物を入れないようにしてください。

耐震ロックのいろいろ

1. 閉めるだけでロック

プッシュタイプ

カチッと音がするまで扉を閉めると、ストッパーが働き、しっかりロック。揺れても扉は開きません。扉の裏側につけるので扉の形状に関係なく使うことができます。

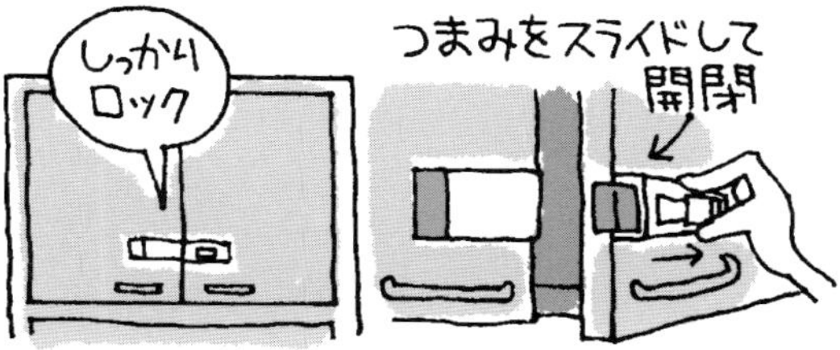

スライドタイプ

左右の扉につけたつまみをスライドさせて開閉します。

2. 揺れるとロック

ネジでとめるタイプ

天板裏と開き戸にネジで耐震ロックを取りつけます。揺れを感知すると瞬時に扉をロックし、食器などの飛びだしを防止するタイプ。揺れがおさまると、ロックを自動解除してくれるスグレモノです。

ロックバーでとめるタイプ

揺れを感知すると、ロックバーがおりてきて、開き戸をロック。天板の厚みに応じて、バーの幅は調節可能です。

赤ちゃんのいたずら防止グッズも活用

赤ちゃんのいたずら防止ストッパーやロックも活用できます。ひと手間かけなければ扉が開かないので、地震にも有効です。

03

家具の配置はバランスを考えて

震度6強を記録した2007年3月25日の能登半島地震は、全壊686棟、半壊1,740棟、一部破損2万6,958棟の住宅被害をもたらしました。
被害を拡大させた一因が、建物の重量バランスでした。この地域の家屋の多くは、昔ながらの瓦葺き屋根。そのため屋根の重さに耐えきれず、家屋が押しつぶされたものと考えられます。
また、ねじれて倒壊した建物も目立ちました。建物には、建物自体の重さと人や家具などの重さで、垂直方向に荷重がかかっています。地震がおこると、力が水平方向に発生するため、これを受けとめる壁（耐力壁）が設けられています。しかし、この耐力壁の配置バランスが悪いと、ねじれがおこります。
建物のバランスは、耐震診断でわかりますので、必要があれば、早めに耐震診断＆耐震改修工事をしましょう。
また、家具の配置が偏っていることも、建物のバランスを悪くします。特に、冷蔵庫やピアノ、本棚など重い物が一方向に集中すると、ねじれの原因に。家具は、家全体を考えて、重量が分散するように配置しましょう。

家具の配置はこんなことに注意

家の左右で重さが偏らないように

重いものは2階でなく1階におく

逃げ道、出入り口付近には背の高い家具や本棚はおかない

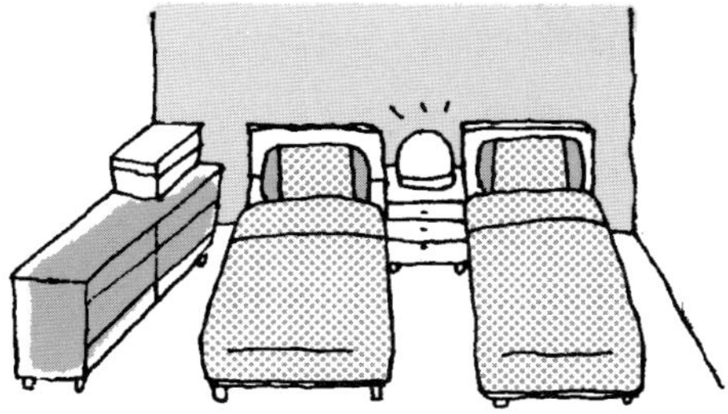

寝室には背の高い家具や本棚はおかない

重い家電製品はできるだけ低い位置におく

家具の重さを知っておこう！

アップライトピアノ
約250kg

グランドピアノ
約300kg

液晶テレビ
重い物だと約23kg

洗濯機7ℓ
約36kg

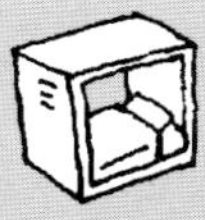

ベッド型シェルター
約200kg

ブラウン管テレビ32型
約70kg

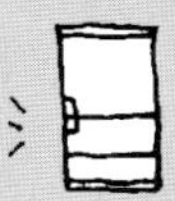

冷蔵庫500ℓ
約90kg

本棚
A4のカタログをギッシリ並べると横幅1ｍあたり約70kg。奥行き30㎝、4段の本棚だと約280kg！

04

物はできるだけ少なく

国の特別機関のひとつである地震調査研究推進本部によると、今後30年以内にマグニチュード7クラスの地震がおきる確率は、首都圏で70％、東海地方で88％、東南海地方で60～70％と予測しています。さらに、東京大学地震研究所によると、東日本大震災の地殻変動の影響で、首都圏の地盤に力が加わり、地震がおきやすい状態になり、マグニチュード7クラスの首都直下地震が4年以内に発生する確率は70%とも、50％ともいわれています。やましたひでこ氏が提唱する「断捨離」哲学は、防災面からも有効。物が少ない家は、それだけ凶器が少ない家といえるのです。
残念ながら、私たちは地震の活動期に生きています。ですから、あと20～30年は、できるだけ物が少ない生活を意識すべきだと思います。
家中を見回してみましょう。ガラス製品や陶器など、壊れやすい物はありませんか？　危険な物はなるべく排除して、不要な物は持たない。どうしても部屋におきたい場合は、しっかりと固定しておくことが大切です。

安全空間を確保する6つのポイント

1. 子ども部屋の家具は極力少なく

子どもやお年寄りはとっさに動くことができません。特に背の高い家具は、まとめて別の部屋におくようにしましょう。

出したら
しまおうね
お片付けも
防災の第一歩
自転車の荷ゴムひもなら
出し入れもラクで
本も飛びださない

勉強机の
上などにも
物をおかない

2. 扉付近には物をおかない
揺れで物が倒れたり、位置がずれたりすると、ドアが開かなくなってしまうことも。ドアまわりには何もないのが理想です。

3. 廊下や階段には物をおかない
避難の妨げにならないように、廊下や階段は片付けておきましょう。特に暗闇では大きな事故にもつながりかねません。

4. 火気のそばに家具をおかない
キッチンのコンロの近くには食器棚などはおかないように。食器棚が火の上に倒れたり、皿が飛びちったりしたら危険です。

5. 家具の上にガラス製品をおかない
ガラス製品が落ちると、破片が飛びちり、ケガをする危険が増します。写真立てなどが凶器になることも。

6. テレビはベッドから離して設置
薄型テレビは、台座のみ固定すると、揺れでスタンドが折れて、モニターが、飛びだすことも。モニターをベルトで壁に固定するようにしましょう。

05

ガラスの飛散を防ぐには

破損したガラスが地面に飛びちる範囲は、落下距離の1/2。高さ10mの位置にあるガラスが落下すると、地上では5m範囲に飛びちります。
震度6弱を記録した2005年の福岡県西方沖地震では、福岡市の中心街にある10階建てビルの窓ガラス約930枚のうち、約360枚が割れて落下、歩道に散乱しました。この様子は新聞やテレビで大々的に報じられ、私たちは落下するガラスの危険性を目のあたりにしました。
わが家の窓は、すべて防犯ガラスを採用しています。ペアガラスの間にフィルムが入っていて、ガラス飛散防止シートと同じ役目を果たします。紫外線防止フィルムや断熱フィルム、透明のガムテープなどでもOK。要は、飛散しないようにとめておけばいいのです。自分で貼るのが大変ならば、多少費用がかかっても、施工技術のあるところに外注するという方法も。
カーテンを閉めておけば、飛散をさらに防ぐことができます。日中も常に、レースのカーテンだけは閉めておくようにしましょう。

ガラス飛散防止シートを貼る

全体に貼る

窓やガラス扉に貼るだけで、ガラスが割れたときの飛びちりを防ぎます。サイズも豊富です。
ガラス飛散防止シート0.075㎜×48㎝×1.8m（1枚入り）／¥1,003～

5カ所に貼る

扇型などの透明シートを5カ所に貼りつけるだけで、窓ガラス全体の強度が1.4倍に。ガラスを保護して飛散を防止。ガラスが割れてしまっても、広範囲の飛散を防ぎ、サッシからガラスが落下しにくくなる効果も。低価格な上、取りつけは簡単です。すりガラスや、凹凸のあるガラスに対応可能なタイプもあります。

1セット（5枚入り）／¥3,129

レースのカーテンを閉める

レースと厚地のカーテンをダブルに。日中もレースのカーテンを閉めておくと安心です。

電気は直付けに

ガラス製の電気のかさなどは揺れで落ちてしまうことも。照明器具は直付けが基本です。

枕元には靴を常備

万一、ガラスが割れて飛散した場合、素足で破片をふんでケガをしないために、枕元には靴を用意します。内側にガラス片が入らないように、袋に入れておきましょう。

06

暗闇でも慌てないために

東日本大震災発生直後、東北地方で約466万戸、関東地方でも約405万戸の電気が、一瞬にしてストップしました。今回の地震は日中でしたが、夜間に大地震が襲ったら、もっと混乱してしまうでしょう。暗闇でも落ちついて迅速に対応できるように、日ごろから暗闇対策を万全にしておきましょう。
わが家では、停電時を想定して、すべての部屋の足元コンセントに、充電式の足元灯を設置しました。停電すると自動的に点灯し、取りはずすと懐中電灯として使うこともできます。
また、わが家では2階からの避難の際、転ばないように、階段の両側にLEDの光る手すりをつけました。停電時に自動点灯するので、いつでも安全に避難することができます。右側は大人用、左側は子ども用と、取りつけの高さを変えています。

暗闇対策のスグレモノ

センサーライト

暗くなると光センサーが感知して、
自動的に点灯します。

蓄光テープ

太陽光や蛍光灯などの光をエネルギーとして吸収し、暗闇で明るく光るテープ。シール状になっているので、めくって貼るだけ。階段専用タイプも出ているので、貼るだけで暗闇での階段ののぼりおりも安心です。

タッチライト

ライトの部分を手で軽くタッチするだけで、灯りがつくタイプ。明るさは弱いのですが、暗闇では威力があります。100円ショップで手に入る手ごろな物から、ＬＥＤタイプの高価な物までいろいろ。

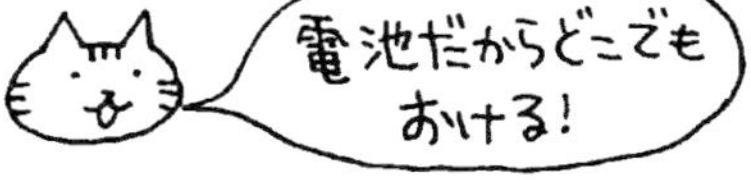

ランタン

ろうそくより安全な灯りとして常備したいランタン。アウトドアグッズの店などに、いろいろな種類が揃っています。

07

複数の逃げ道を確保する

わが家では、家の中のどこにいてもすぐに避難できるように、すべての部屋に2カ所以上の避難経路を設けました。たとえば、2階の各部屋は回廊状の廊下でつながっていて、となりの部屋とも行き来が可能。さらに下の階で火災がおこった場合は、外階段を使っても避難できるようにしました。出入り口や避難経路がひとつしかないと、閉じこめられる危険が高まります。これから家を建てる方は、どの部屋も2方向避難できる間取りを検討してみてください。

マンションの場合は、消防法により、玄関とバルコニーの避難はしごなどで2方向から避難ができるようになっています。地震の際、部屋に閉じこめられない工夫と、廊下や非常階段が破損した場合の地上への避難方法や経路を考えておきましょう。

緊急時、マンションでは避難はしごを使って階下におりますが、避難はしごが、必ずしも自分のところにあるわけではありません。いざというときは、となりのバルコニーとの仕切り壁を蹴やぶって左右の住戸に移ることを前提に設計されています。

バルコニーはマンション住民の共有スペース。仕切り壁や避難ハッチ付近に物をおくことは、いのちをつなぐ避難経路を絶つのと同じです。

また、仕切り壁を蹴やぶってバルコニーを移動し、同じ階の別の住戸を通って、その玄関から避難することも考えられます。防災計画書で避難経路を確認し、自宅が避難経路になる場合には、避難する際に窓や戸は閉めても、施錠はしないようにしましょう。

どの部屋も2方向避難できるように

わが家では、真ん中にリビングをつくって、まわりに寝室を配置し、どの部屋にも出入り口が2カ所あるようにしています。

バルコニーから避難

玄関ドアが開かない、通り道がふさがれて玄関から出られないときにはバルコニーへ。

ドカッ

1. 仕切り壁を蹴やぶる。

2. 避難はしごのある場所まで移動。

3. 避難はしごで下までおりる。

避難はしごで安全に避難

避難はしごでの避難は、予想以上に怖いもの。大人でも足がすくみますから、ロープを命綱にしておりるのがおすすめです。

1. カラビナ（登山用の金具）を用意。

しっかり
結ぶ

2. カラビナにロープを結びつける。

3. 自分のベルトにカラビナをつける。

ギュ

4. 避難はしごの一番上にロープを結ぶ。

5. 避難はしごをおりたら、ベルトからカラビナを外す。

ロープの結び方が
ルーズだと
かえって危ないので
もやい結び、8の字
結びをマスター
すると安心

08

地震でも開けられる玄関ドアに！

「玄関のドアが開かない！」――東日本大震災で、特に揺れが激しかった地域や液状化が発生した地域で、こんな声がたくさん聞かれました。

集合住宅などのスチールドアは、一般に震度5程度で約10㎜ゆがみ、扉を開けるには100kg以上の力が必要になるといわれています。さらに震度6程度になると200kg以上。もはや人の力で開けることはできません。

1981年に「新耐震設計基準」が施行され、建築物の耐震性が強化されました。しかし、1981年以降に建てられた建物でさえも、ドアが開かなかった例が多数報告されていますので、あらためて耐震化を検討してみましょう。それ以前に建てられた建物の場合は、さらに危険大です。

マンションの玄関ドアが開かないときは、バルコニーから避難はしごでおりることになりますが、高層階ほど危険を伴います。大人でも足がすくむほどですから、子どもも一緒となると、簡単にはいきません。

安全に避難するためには、玄関ドアを耐震化するのが一番です。

簡単な取りつけ工事で玄関ドアを耐震化する方法もありますので、賃貸にお住まいの方も、大家さんに相談してドアの耐震化をはかりましょう。

ドアを耐震化するグッズ

すき間をつくるタイプ

低摩擦材で特殊加工を施したプレートを取りつけておけば、地震でドアがゆがんでも、ドアを開けることができます。

テコの原理で開けるタイプ

上下２カ所のドア枠（室内側）に取りつけるドアパーツ。テコの原理でわずかな力でドアを開けることができます。ネジを締めるだけでOK。

開閉補助装置をつけるタイプ

金属製ローラーが入ったボックスをドア内側の上部につけ、ドアにひずみが生じても少ない力で開閉できるようにします。シンプルなつくりなので、ドアの外観も損ねません。

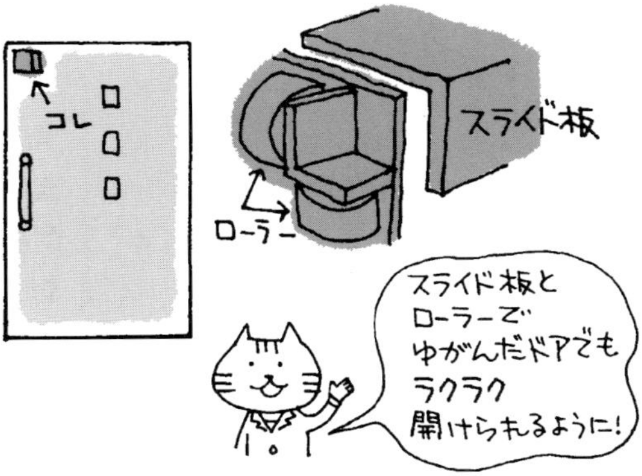

耐震ドアにリニューアル

阪神・淡路大震災では、「ドアが開かない」「むりやり開けたら今度は閉まらない」というケースがたくさんおこりました。そこで開発されたのが耐震ドア枠です。玄関ドアの枠を頑丈なものにかえ、地震でもゆがまないようにします。今では、新築マンションのドアの多くは耐震ドアになりましたが、戸建て住宅にお住まいの方も耐震ドアにリニューアルすることができます。

09

火事に強い家づくり

消防庁によると、東日本大震災による火災被害は全国で324件。震度が大きい地域ほど、出火率が高いことがわかっています。
2011年6月に住宅用火災警報機の設置が全国的に義務化されましたが、現実問題、警報が鳴るだけでは火事を防ぐことはできません。たとえば、家族に寝たきりの人や肢体不自由者、知的障害者がいた場合、警報が鳴っても瞬時に行動するのは難しいでしょうし、子どもがひとりでいた場合も消火することはできないでしょう。さらに巨大地震の直後に自宅で火災が発生し、火災報知器が作動したとしても、消防車はすぐにこないと思ったほうがいいでしょう。
ですから「火事に強い家をつくっておくこと」はとても大切なことです。
私は、家具やカーテンなどに防炎処理をして燃えにくくしたり、火事がおきてしまったときに備えて、消火グッズを用意したりしています。
また、熱や煙に反応して消火剤が自動で噴射されるタイプの「住宅用消火装置」も設置しました。カセット式なので大がかりな取りつけや配管も不要。とはいうものの、1台約9万円と高価なので、まずはキッチンに1台つけました。後付けができるので、いずれはすべての部屋に完備したいと考えています。

家具やカーテンに防炎処理

家具やカーテンは、難燃性や防炎性のある製品を選ぶようにしましょう。今使っているものに防炎性のスプレーをかけたり、クリーニング店で防炎処理をしてもらう方法も。

防炎スプレー

ポイ

消火グッズを揃えておく

揚げ物の鍋などから火が出てしまったら、近づくこともままなりません。家庭用消火器以外に、投げるタイプの消火剤をキッチンに備えておくと、燃えあがる火にも対応できます。

住宅用消火装置を設置

火災の発見から初期消火まで、人の手を介さず全自動で行うので、留守中の火災でも対応可能です。天井埋めこみ型とつり下げ型がありますが、どちらも配管工事などは不要です。

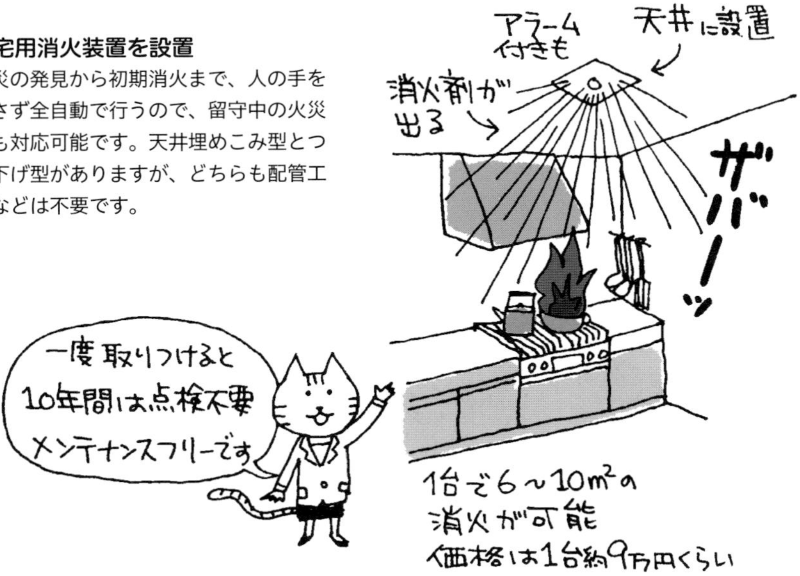
アラーム付きも
天井に設置
消火剤が出る
ザバーッ
一度取りつけると
10年間は点検不要
メンテナンスフリーです
1台で6～10m^2の
消火が可能
価格は1台約9万円くらい

10

家をシェルターにする

東日本大震災同様、震度７を記録した阪神・淡路大震災での建物被害は、63万9,686棟。犠牲者の80％が家屋倒壊による圧死で亡くなっています。
家族のいのちを守るためには、家屋の耐震補強が急務ですが、なかなか取りかかれないという方は、せめて家が倒壊しても生きのびられる強固な避難スペースを、家の中に確保しましょう。
それがシェルターです。
市販の耐震シェルターには、ベッド型、テーブル型、押し入れ型などいろいろな種類があり、簡単に設置できるものから、施工が必要なものまでさまざまな種類があります。高額な商品ではありますが、東京都や静岡県など、助成している自治体もありますので、問い合わせてみてください。

部屋ごとシェルターに

鋼製シェルター

１階居室の内部に、鋼鉄製パネルを組みたてるタイプ。２階建て木造住宅が倒壊しても、シェルター内の空間は守られます。工期は７～10日。工事費は3㎡タイプで50万円くらいから。

木製シェルター

工場で製作した木製パネルを、室内の設置したい場所で組みたてて耐震シェルターをつくります。4.5畳以上の１階の部屋であれば組みたてが可能。工期は約２日。工事費は25万円くらいから。

鉄骨シェルター

自宅の一部に鉄骨を組みこむことで、安全空間を確保します。その鉄骨が巨大な大黒柱の役割を果たすので、隣接した部屋や家全体の強度があがります。工期は約２週間。工事費は６畳で280万円くらいから。

ベッドをシェルターに

木のはりと柱を特殊な金具でベッドに固定したり、アーチのような鋼鉄製のフレームを上部に取りつけたりすることで、地震で住宅が倒壊しても、安全な空間を確保することができます。シングル、ダブルなど、サイズもいろいろあります。耐荷重は約10t。43万円くらいから。

押し入れをシェルターに

スチールパイプ、パンチングメタル製のフレームを押し入れにはめこむだけで、押し入れが30tの加重にも耐える空間に。物を入れずに空間を空けておくのを忘れずに。28万円くらいから。

テーブルをシェルターに

ダイニングテーブルは、通常1.6tほどの加重でこわれてしまいますが、テーブルを5本脚にするだけで、テーブルの下が耐震シェルターに。脚を1本加える方法、5本脚のテーブル型シェルターを購入する方法があります。脚は15,000円くらいから、テーブル型シェルターは18万円くらいから。

11

今住んでいる戸建住宅を耐震化する

国土交通省によると、住宅の耐震化率は2010年３月時点で約79％。耐震性が不十分な住宅は、全国に約1050万戸存在するといわれています。

現行の新耐震基準は1981年に導入されましたが、それ以前に建てられた木造の戸建住宅は、大地震に対して安全性や耐震性が不足している可能性があるので、要注意です。1995年の阪神・淡路大震災では、約20万棟以上の住宅が全壊・半壊し、死者の８割以上が建物倒壊などによる「圧死」でした。つぶれた建物の多くは、1981年以前の旧耐震基準で建てられた住宅で、新耐震基準で建てられた建物の被害は少ないものでした。

木造住宅を耐震化する方法はいろいろありますので、まずはお住まいの自治体の担当窓口に相談してみるといいと思います。

耐震改修工事までの流れ

1．耐震化に関する情報を収集

住んでいる自治体の耐震化推進窓口で相談し、情報を集めます。

2．助成制度について確認する

耐震診断の助成、耐震改修工事の助成などがあるので、確認します。

3．耐震診断をする

自治体の耐震化推進窓口で、耐震診断をしてくれる建築事務所を紹介してくれたり、無料で耐震診断をしてくれたりする場合もあります。

約10～20万円くらい　建物の形状、築年数、設計図の有無などでも異なります

4．耐震補強設計を実施する

耐震診断で倒壊する可能性があると判断された場合は、倒壊しないようにどこをどのように補強するのか検討します。

5．耐震改修工事を実施

耐震改修工事のいろいろ

「誰でもできるわが家の耐震診断」
（財）東京都都市整備局発行より

基礎を補強する

● 玉石《たまいし》に束《つか》立《だ》てしただけの柱は、鉄筋コンクリート造の布基礎《ぬのきそ》として、アンカーボルトで土台と一体化する。

約**3**万円 ／ m（基礎の長さ）

● 基礎の底盤の幅が不足していたり、基礎に鉄筋が入っていない場合には、基礎を増しうちするなどして、既存のコンクリート造の布基礎を補強する。

約**2**～**3**万円 ／ m（基礎の長さ）

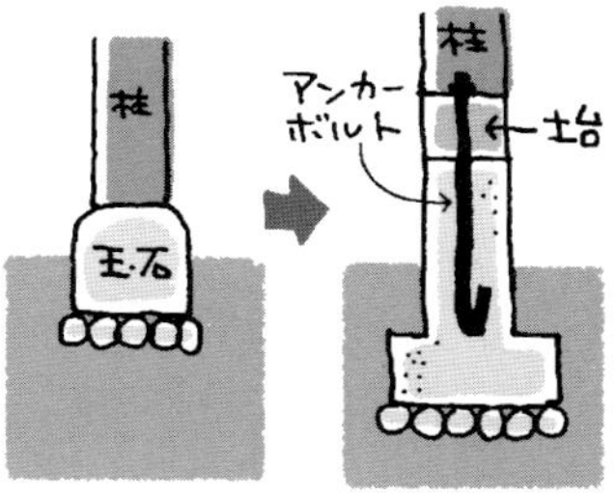

接合部分を補強する

● 柱や土台をアンカーボルトなどでつなげる。

約**3,000**円／**1**カ所

● 柱やはりを羽子板ボルトでとめる。

約**3,000**円／**1**カ所

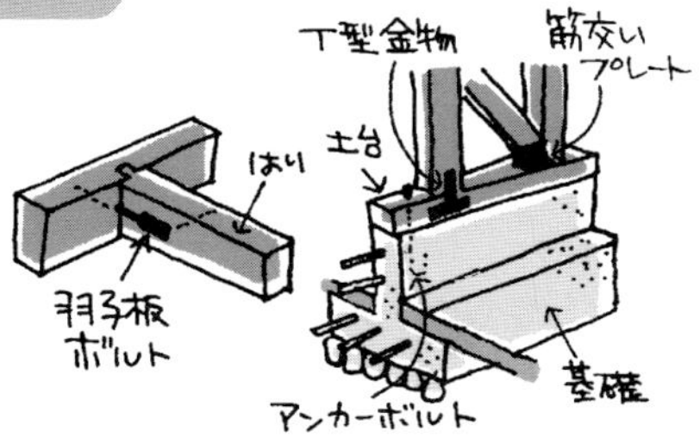

壁を強くする

● 筋交いを入れたり、構造用合板を張って壁を強くする。
● 開口部（ガラス戸など）を減らす。
● 隅部を壁にする。

約**12**万円／**1**カ所

屋根を軽量化する

● 屋根を軽くすることで、建物に作用する地震の力が減るので、大地震でもこわれにくくなります。

約**1**万円／㎡

12

今住んでいるマンションの耐震診断をする

国土交通省が2008年度に行った「マンション総合調査」によると、耐震診断を行っていないマンションは、75.3％にもおよぶことがわかりました。理由として「新耐震基準に合致しているため」が53.6％を占めていますが、今後、東日本大震災のような巨大地震に見舞われることが想定されるので、あらためて耐震性を確保しておくことはとても重要だと思います。
マンションの場合、戸建住宅と違って、耐震化に向けて動くには時間がかかります。助成制度を利用する場合は、マンション所有者全員の書面での同意や、理事会や総会での決議、承認も必要ですので、早い段階で行動を開始するのがいいと思います。
また、賃貸マンションに入居している方の場合は、自分で動くことはできません。安全性について不安があれば、まずは家主または管理会社に相談してみましょう。

耐震診断までの流れ

1. 情報収集
耐震診断の内容と費用について、管理会社やマンション管理者、自治体の相談窓口などに相談し、情報を集めます。

2. 理事会で耐震診断を検討

3. 専門家に見積り依頼
理事会で進めることが決定したら、専門家に費用の見積りを依頼します。

4. 自治体の助成制度について確認
耐震診断の助成、耐震改修工事の助成などがあるので、確認します。

5. 総会向けに資料作成
耐震化を必要とする理由、耐震診断の内容、費用の見積りなどをまとめます。

6. 総会での決議

7. 耐震診断を実施

13

新たに土地を買って耐震住宅を建てる

家を建てようと思っている方は、地震に強い地盤を選べる絶好のチャンスです。「避難しなくていい家」をつくろうと思ったら、地盤はとても大切な要素です。私も家を建てたときには、「土地」を選ぶことに力を入れました。「地盤を買った」といったほうがいいかもしれません。

まずは、自治体のハザードマップで、内水浸水、津波、土砂災害など災害の危険が少ない場所を見つけましょう。また、「さんずいがつく地名には住むな」といういい伝えがあるように、昔の地名にもヒントが隠されています。このあたりの情報を正しく知るには、地元に古くからある不動産屋さんを訪ねるのが一番です。

造成地には、土地を切りとってつくる「切り土」と、土を盛ってつくる「盛り土」があります。一般に「盛り土」は地盤が弱く耐震性が不安定なことが多いので、「切り土」を選ぶのがいいと思います。

つい「わからないからお任せ」となってしまいがちですが、地震に強い家をつくりたいなら、ぜひ設計士さん、大工さんを交えて何度も話し合いをすることをおすすめします。

私も家を建てるときには、わからないことばかりでしたが、インターネットなどで建築の知識を仕入れながら、「ここを強くしたい」「こういうことはできないか」など、あらゆる要望を直接大工さんに伝えました。実際に家をつくるのは大工さんですから、実現が可能か不可能かを率直に答えてくれましたし、どうしたらできるかも考えてくださいました。疑問に思ったり迷ったりしたら、設計士さんや大工さんに率直に相談するのがいいと思います。

国崎家の「避難しなくていい家＝防災ハウス」ができるまで

1. 地盤の強い場所を調べ、おおよその地域を決める

2. 地元の不動産屋さんに地盤の強い場所を聞く
昔の航空写真を見せてもらうとよい。

3. デベロッパーさんに切り土・盛り土の地図をもらう

4. 自治体のハザードマップをチェック
内水浸水、津波のおそれ、
土砂災害の少ないところを見つける。

5. 仮契約

6. 地盤調査

7. 着工

8. 大工さんに相談しつつ建築

9. 完成

ハザードマップを手に入れるには

自治体の窓口でゲット
ハザードマップを作成している自治体では、マップを印刷して配布しています。

自治体のウェブサイトでゲット
それぞれの自治体のウェブサイトでハザードマップを見ることができます。
災害時の避難場所や避難経路を地図に示した防災マップを作成しているところもあります。

国土交通省のウェブサイトでゲット
国土交通省のハザードマップポータルサイトでは、全国のハザードマップを見ることができます。

東京都渋谷区のハザードマップ

ハザードマップは地震や大雨による洪水や津波、土砂崩れ、液状化といった被害が予想される地域を地図上にあらわしたもので、多くの自治体が作成しています。

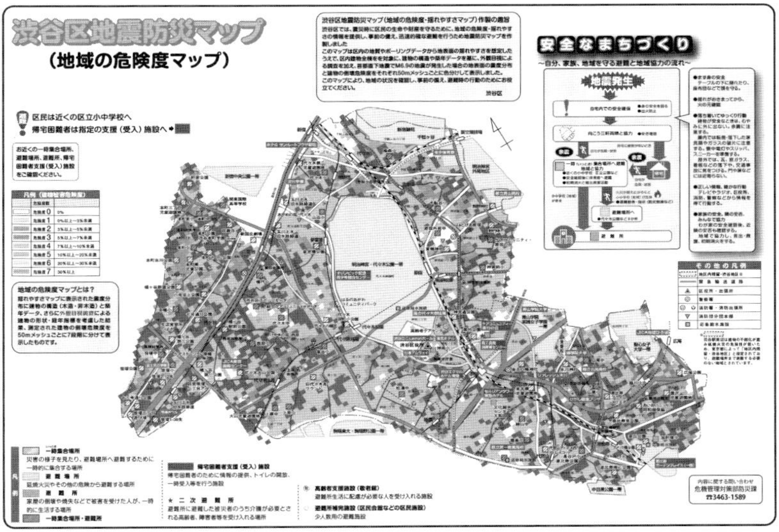

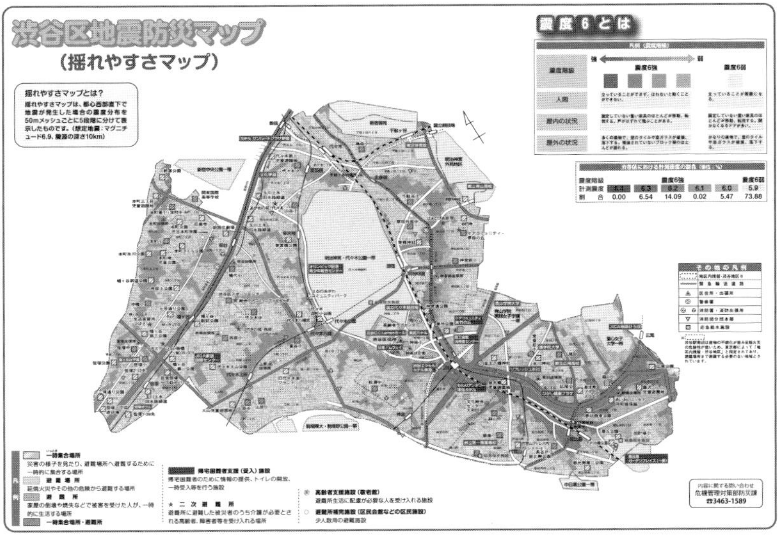

14

耐震診断を受ける

耐震化を検討するなら、まずはじめに耐震診断を受けることです。自治体の耐震化窓口で相談してみましょう。信頼できる業者や専門家を紹介してもらえたり、無料で耐震診断を受けられるところもあります。

自治体のほかにも、建築士、大工、建設業者などで構成されている地域の耐震補強協議会や㈶日本建築防災協会、日本木造住宅耐震補強事業者協同組合などでも、耐震診断、耐震改修工事に関する相談を受けつけてくれるので、相談してみるといいと思います。

情報はここでゲット

- ㈶日本建築防災協会
- 日本木造住宅耐震補強事業者協同組合
- NPO 法人日本耐震防災事業団
- 東京都耐震ポータルサイト

専門家に相談するなら

国土交通省のウェブサイトでは、地方公共団体（特定行政庁）や各地の専門家団体が紹介されています。

http://www.mlit.go.jp/kisha/kisha05/07/071129_2_.html

耐震診断のいろいろ

自分で診断

右ページの「耐震診断問診表」で自己診断してみると、より専門的な診断を行うときの参考にすることができます。

一般診断

目視や設計図面などで、主な部位だけを評価して、耐震改修工事が必要かどうか判断します。費用は安価ですが、耐震性能が低く出る傾向があります。

精密診断

仕上げ材をはがしたり、穴を開けたりして、主な部位や細部を調べます。耐震改修工事の必要性を最終的に判断したり、改修後の耐震性能を評価したりします。費用は高額ですが、耐震性能を正確に出すことができます。

耐震診断問診表

(財)日本建築防災協会発行
「誰でもできるわが家の耐震診断」より

問診

1 建てたのはいつごろですか？

	評点
建てたのは1981年6月以降	1
建てたのは1981年5月以前	0
よくわからない	0

評点 □

2 今までに大きな災害に見舞われたことはありますか？

	評点
大きな災害に見舞われたことがない	1
床下浸水・床上浸水・火災・車の突入事故・大地震・崖上隣地の崩落などの災害に遭遇した	0
よくわからない	0

□

3 増築について

	評点
増築していない。または、建築確認など必要な手続きをして増築を行った	1
必要な手続きを省略して増築し、または増築を2回以上くり返している。増築時、壁や柱を一部撤去するなどした	0
よくわからない	0

□

4 建物の平面はどのような形ですか？（1階の形状に着目）

	評点
どちらかというと長方形に近い平面	1
どちらかというとＬの字・Ｔの字など複雑な平面	0
よくわからない	0

□

問診

5 傷み具合や補修・改修について

	評点
傷んだところはない。または、傷んだところはその都度補修している。健全であると思う	1
老朽化している。腐ったり白蟻の被害など不都合が発生している	0
よくわからない	0

評点

6 大きな吹き抜けがありますか？

一辺が4m以上の大きな吹き抜けはない	1
一辺が4m以上の大きな吹き抜けがある	0
よくわからない	0

7 1階と2階の壁面が一致しますか？

2階外壁の直下に1階の内壁または外壁がある。または、平屋建である	1
2階外壁の直下に1階の内壁または外壁がない	0
よくわからない	0

8 壁の配置はバランスが取れていますか？

1階外壁の東西南北どの面にも壁がある	1
1階外壁の東西南北各面のうち、壁が全くない面がある	1
よくわからない	0

問診

9 屋根葺き材と壁の多さは？

	評点
瓦など比較的重い屋根葺き材であるが、1階に壁が多い。または、スレート・鉄板葺き・銅版葺きなど比較的軽い屋根葺き材である	1
和瓦・洋瓦など比較的重い屋根葺き材で、1階に壁が少ない	0
よくわからない	0

評点

10 どのような基礎ですか？

鉄筋コンクリートの布基礎《ぬのきそ》またはベタ基礎・杭基礎	1
その他の基礎	0
よくわからない	0

判定 問診1～10の評点を合計します

評点の合計	判定・今後の対策
10点	ひとまず安心ですが、念のため専門家に診てもらいましょう
8～**9**点	専門家に診てもらいましょう
7点以下	心配ですので、早めに専門家に診てもらいましょう

評点の合計

15

耐震診断&耐震改修工事の助成を受ける

東京都が運営しているウェブサイト「東京都耐震ポータルサイト」によると、東京都の木造住宅1棟あたりの平均耐震改修工事費用は約150～200万円くらいということです。
そして、耐震診断や耐震改修工事費用の助成制度を設けている自治体も多いので、上手に利用してみましょう。一般的な改修工事の助成金は20～50万円くらいと考えておくのがよいようです。
ただし、補助対象、補助額、補助申請書の様式などは、自治体によってさまざまですので、詳細は市町村建築相談窓口へ問い合わせてみてください。
全国1,747市区町村のうち、耐震診断の助成制度があるのは78％にあたる1,362市区町村、改修工事に対する助成制度があるのは65％にあたる1,144市区町村です。

耐震化で助成を受けるには

1. 住んでいる自治体の耐震化推進の窓口で、自宅が助成制度の対象になるかを相談してみます。

2. 助成制度の対象になる場合は、認定を受けます。

3. 必要書類（住民票や身体障害者手帳の写し、収入を証明する課税証明書など）を揃え、助成の申しこみをします。

自治体によってこんなに違う助成制度

耐震診断や耐震化改修工事に関する助成を行っている自治体はたくさんありますが、金額や条件、基準などは自治体によってさまざまです。いくつかの自治体の例を簡単に表にしてみました。ぜひ住んでいる自治体の助成制度について調べてみてください。

		木造建築	マンション
東京都中央区	耐震診断	全額負担（限度額なし）	診断費用の３分の２（限度額200万円）
	改修工事	工事費用の50％（限度額300万円）高齢者、心身障害者のいる世帯工事費の全額（限度額300万円）	工事費用の50％（限度額3000万円）賃貸マンションは工事費用の50％（限度額1500万円）
東京都品川区	耐震診断	６万円	診断費用の50％（限度額150万円）
	改修工事	工事費用の50％（限度額150万円）	工事費用の３分の１（限度額2500万円）
東京都目黒区	耐震診断	無料診断	診断費用の50％（限度額200万円）
	改修工事	工事費用の80％（限度額100万円）	工事費用の30％（限度額150万円）
東京都足立区	耐震診断	10万円	
	改修工事	工事費用の50％（限度額100万円）	

		木造建築	マンション
東京都 世田谷区	耐震診断	無料診断	
	改修工事	限度額100万円	
東京都 国分寺市	耐震診断	8,000～1万8,000円	
	改修工事	工事費用の50％（限度額50万円）	
千葉県 我孫子市	耐震診断	診断費用の3分の2以内（限度額2万円）	
	改修工事	工事費用の3分の1以内（限度額50万円）	
京都府 京都市	耐震診断	一部負担あり	一部負担あり
	改修工事	工事費用の50％＋最大30万円（限度額90万円）	工事費用の50％＋最大30万円（限度額450万円）
兵庫県 宝塚市	耐震診断	3,000円	3,000円
	改修工事	①＋②＋③ ①宝塚市事業／工事費用の25％（限度額30万円） ②兵庫県事業／工事費用の25％（限度額60万円） ③兵庫県事業（加算分）工事費用の25％（限度額20万円）	①＋②＋③ ①宝塚市事業／工事費用の25％（限度額30万円） ②兵庫県事業／工事費用の25％（限度額60万円） ③兵庫県事業（加算分）工事費用の25％（限度額20万円）

Chapter

2

自宅で生きのびるストック術

いつも使っている物を少し多めに、毎日使いながら補充していく……そんな気持ちで地震に備えてストックを！子どもたちのお気に入りも用意しておきましょう。

16

必要なものをひとまとめに

防災といえば、まずは「非常持ちだし袋」をイメージする方も多いと思います。でも、大地震が発生した場合、非常持ちだし袋を持ってでることは現実的には難しいように思います。私は今までにあちこちの避難所を訪問してきましたが、非常持ちだし袋を持っている方に出会ったことがありません。今回も、津波に見舞われた地域の方々は、一刻の猶予もない中、身ひとつで避難されていましたし、目についた物を身近にあった袋やバッグにざっと入れて持ちだされている方も多かったようです。

東京では、今回の地震で高層ビルから、携帯電話ひとつだけ持って、外に飛びだした方が大勢いたそうです。貴重品が入ったバッグすら持ちだせない非常時に、重い非常持ちだし袋を持ちだせるとは思えません。

でも、避難した先で「あればよかったのにな……」と思うものはたくさんあります。そういう意味では、台風なども含めたいろいろな災害で使えるものを、ひとまとめにしておくといいと思います。

おく場所は避難動線を考えて決めましょう。玄関から逃げる方は玄関まわりに、リビングの窓から庭に逃げる方はリビングにおくのがいいと思います。

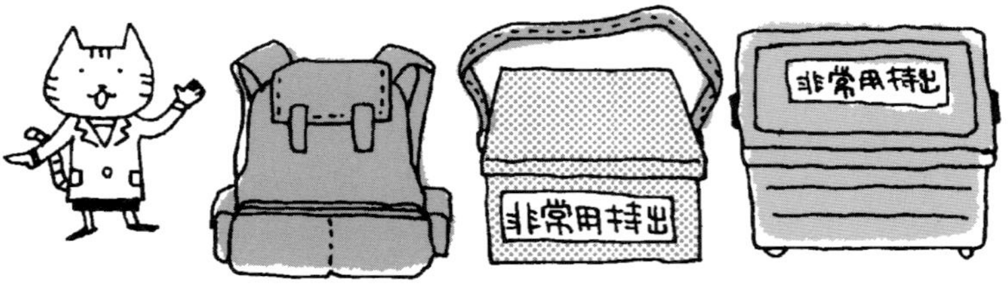
袋にこだわらず箱でもOK!
必要な物をまとめておくイメージで

私がひとまとめにしているもの

ウエットティッシュ
思うように手を洗えない状況での必須アイテム。非常用ウエットティッシュなら、5年間は品質が保たれます。

除菌剤
地震後は衛生を保つことが難しくなるので、除菌剤はぜひ用意しておきましょう。消臭効果もあるとベスト。

携帯トイレ
排泄物を即座に固めて、使用後は燃えるゴミとして処分できる物も売られています。ティッシュやトイレットペーパーも準備を。

応急手当用品
ケガをすることも想定して、脱脂綿や包帯、消毒液を用意。脱脂綿は少量の水分で汚れを拭きとるときにも使えます。

マスク
粉塵対策だけでなく、ウイルス対策にも役立つので必需品です。使いすてタイプのものを多めに用意しておきましょう。

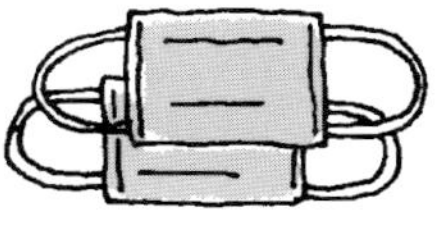

携帯充電器
携帯の充電が切れてしまうと、連絡が取れなくなるので必需品。停電していても使える乾電池式の充電器を入れておきましょう。

消臭スプレー
携帯トイレやオムツの始末のときなどに使用。環境を少しでも快適なものするためにも、消臭グッズは用意しておきましょう。

歯ブラシ
あめ玉くらいのポリマー樹脂を口の中に入れ、ブラシがわりに舌でコロコロと転がします。水や歯磨き粉がなくても歯を磨けます。

綿棒

避難所生活を経験された方に聞くと、「何かと使えて便利だった」という声が多いのが綿棒。少し多めに用意しておくと便利です。

着がえ

被災後は何日も入浴できないことが想定されるので、家族全員分を数セットずつ揃えます。季節に合わせて入れかえるのを忘れずに。

大人用オムツ

トイレの混雑、トイレ不足などに対処するために、大人にもオムツを準備。パンツタイプのオムツがいいと思います。

非常食

水や加熱なしで食べられるものを最低でも2〜3日分は用意。フリーズドライタイプも軽量なのでおすすめ。命をつなぐ水も多めに。

生理用品

使いなれたものを多めに常備しておきましょう。予定外の時期に生理がはじまってしまうことも。脱脂綿がわりに使うことも可能。

タオル

かさばらず、濡れても乾きやすいものを数枚用意します。薄手のものがあれば荷物を減らすことができるのでベスト。

ろうそく

ろうそくは安定感のあるビンに入ったものがおすすめ。多めに用意しておきましょう。ライターやマッチも忘れずに。

食器

くり返し使えて、軽い、プラスチック製のお皿、フォークやスプーンなどを準備。お皿はラップなどを敷いて使えば、洗うときに水の節約に。

給水袋

給水車から水をもらったり、運んだり、保存したりするには給水袋が最適。折りたためて、チャック付きのものを防災用品店などで入手。

ビニールシート

大きめのビニールシートは何かと便利。野外や体育館などで、休息や荷物おき場などのスペースをつくったり、荷物カバーや目隠しに。

万能ツールナイフ

ハサミ、ナイフ、缶切りなど、ひとつで何役もこなしてくれるアウトドアの必需品。コンパクトなのでバッグやベルトに下げても。

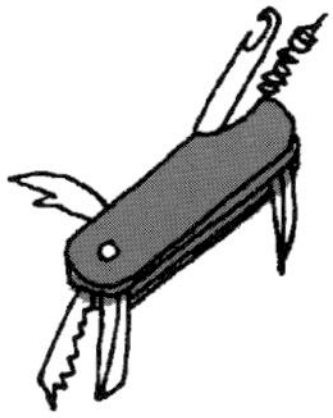

懐中電灯

１人１灯を原則に準備を。定期的に電池を確認するのを忘れずに。両手があくヘッドライト形式のものもおすすめです。

ロープ

丈夫なロープを数本用意。洗濯物干し、仕切り、荷物のとりまとめなど使い道はいろいろ。避難ハッチから避難する場合には命綱に。

ビニール袋

ゴミを入れたり、何かを保存したり、とにかく便利なのがビニール袋です。大きめのものを多めに準備しましょう。

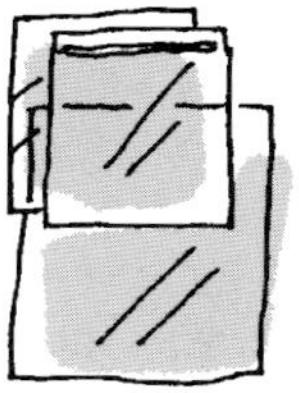

防災用ブランケット

保温、保水効果もある薄手の防災用ブランケットが理想的です。折りたたむとコンパクトになるので、バッグやランドセルにも常備。

乾電池

アルカリ電池など長持ちするものを揃えます。使用電池が同じ電化製品を選んでおくと、準備する電池も１種類になって便利。

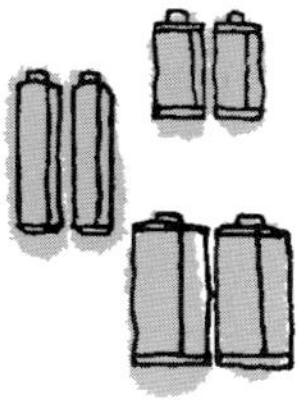

ラジオ
ＡＭとＦＭが両方聞けるラジオがいいでしょう。停電時の情報収集に役立つので、高くても機能的な物を選ぶようにします。

カイロ
使いすてタイプを多めに用意したいところ。停電が続くと、寒さで体調を崩しがちなので要注意。

文房具
掲示板の内容を書きうつす、情報を書きのこす、記録を取るなどの場面で、手帳とペンは大活躍。マジックは油性を準備。

ガムテープ
段ボールなどで、何かを急ごしらえをするときや貼り紙をするときなど、さまざまな場面で役立ちます。布製がベスト。

サランラップ
食器に敷いたり、ケガをした箇所に巻いて防水に役立てたり、意外な使い道があります。新品を１箱用意しておきましょう。

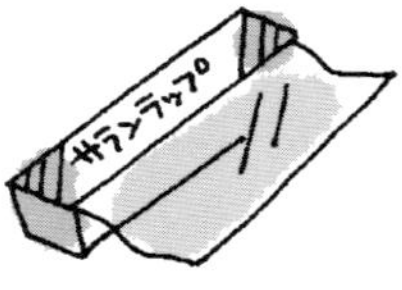

革手袋
飛散したガラスや瓦礫などから手を守るための必需品。避難するときには手袋をつけるのを忘れずに！ 寒さ対策にもなります。

ハンドクリーム
リップクリーム
ひび割れがつらかったという避難者の方の声をよく聞きます。基礎化粧品もお試しサイズを用意。

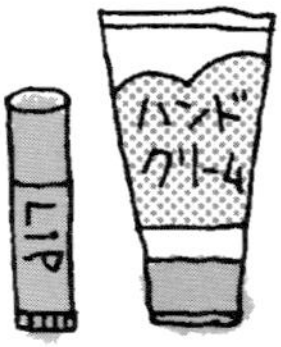

ヘルメット
落下物、飛来物から頭を保護するためには帽子ではなくヘルメットを。外に出るときは、大人も子どもも必ずヘルメット着用で。

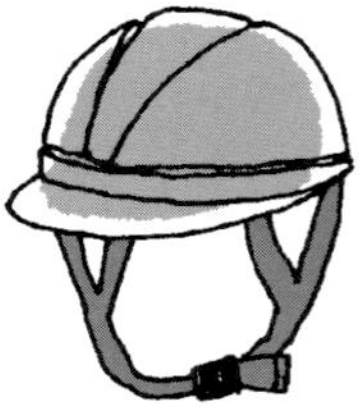

17

避難時には防災ベストを

「国崎信江の防災ベスト」は、非常時に必要な物を装備したベスト。私が主宰する危機管理教育研究所で商品化しています。そもそもは、子どもが万一大人とはぐれたときでも、必要最小限の物で生きのびてほしいという願いをこめて、わが子のために私が手づくりしたものです。カメラマンベストを参考に、とにかくポケットをたくさんつけて、災害時に必要な物を詰めこみました。

足場の悪い被災地を、子どもに荷物を持ってあるかせるのは危険ですし、大人が子どもの分の荷物を持つこともなかなか難しい状況です。そんなときは、防災用品を身につけたまま移動できれば安心です。避難時に少しでも子どもの癒やしになればと、お気に入りのおもちゃやお菓子も入れました。

重さは子どもの成長に合わせて調整しています。手に持って少し重いかなというくらいでも大丈夫。ベストとして身につけると、手に持ったときよりも重さを感じないようです。キルティング生地なので、寒い季節は防寒着にも。

今では、家族全員が自分用の防災ベストを持っています。

アウトドアショップやつり具屋さんで販売している「つりベスト」で代用してもいいと思います。手づくりが好きなお母さんは、子どもの性格や好きなものに合わせたオリジナル防災ベストにトライしてみてはどうでしょう。

ベストについている
ポケットにいろいろ
入れておく

ベスト
ドレッサー♪

大人用防災ベスト
（非常時用品付き）
15,750円

子ども用防災ベスト
（非常時用品付き）
13,440円

／危機管理教育研究所
TEL045-621-5778

国崎信江の防災ベストにセットされている防災用品

携帯型セーフティライト

真ん中を折って、軽く振ると発光します。耐水性で、長時間発光しつづけます。

サバイバルホイッスル

軽く吹くだけで鋭い特殊音を出すことができるので、遠くまで存在を知らせることができます。

携帯トイレ

便や尿の水分をすばやく固める高速給水凝固シートを使用。ティッシュも一緒に用意しておきましょう。

防災ウエットタオル

アルコールタイプのウエットタオル。水が使えないとき、衛生環境を保つのに効果的です。

軍手

材木やガラス片などが散乱している災害の現場で、手を守ります。冬場は防寒にもなります。

マスク

家屋が倒壊したりすると、大量の粉塵が空気中に舞うので、マスクは必需品です。

止血パッド

不織布面をキズ口にあてて固定するだけですぐに止血することができます。裏面に防水加工がしてあるので、二次感染をおさえることもできます。

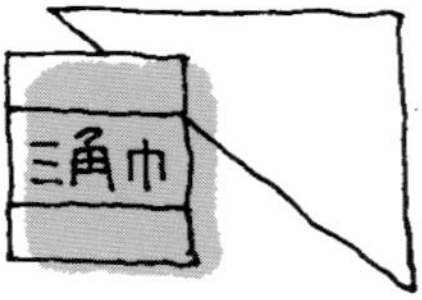

三角巾

キズを覆ったり、患部を固定したり、もしものときの応急処置に役立ちます。正しい使い方を日ごろから知っておきましょう。

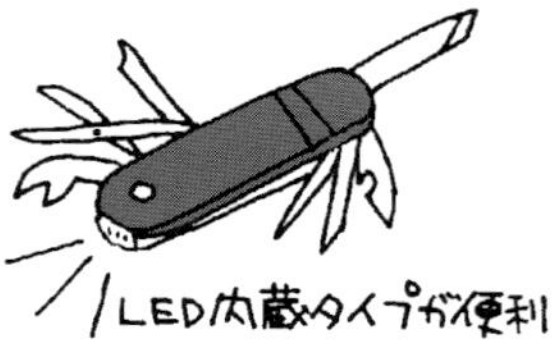

万能ツールナイフ

ナイフや缶切り、ドライバーなど、いろいろな工具や刃物がまとまっているツールナイフ。災害時のさまざまな場面で役立ちます。

大人用ベストにはさらにこんなものが

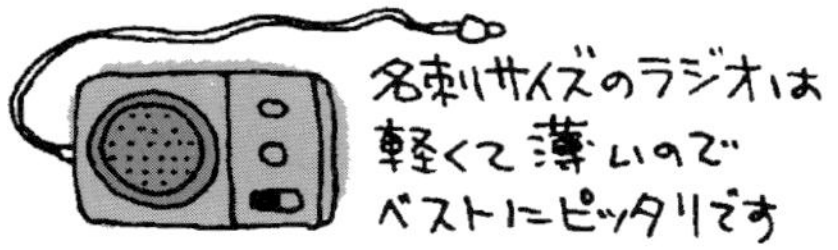

ポケットラジオ
災害時、情報はまさに命綱。停電でも情報が得られるツールがラジオです。電池式のほか、手回しで充電できるタイプがおすすめです。

防災用ブランケット
軽くて薄い特殊素材を使い、優れた保温・断熱効果がある多目的シート。防寒、防暑、また防風や防雨用として、用意しておくと便利です。

子ども用ベストにはさらにこんなものが

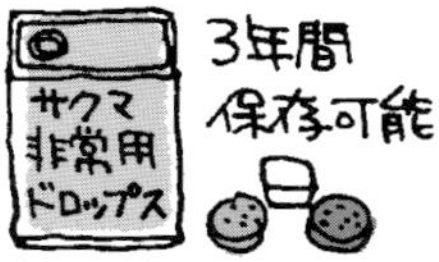

宇宙食フリーズドライアイスクリーム
宇宙食と同じ製法でつくられているアイスクリーム。滑らかな口どけで、程よい甘さ。

非常用サクマドロップス
疲労回復に必要とされる糖分、クエン酸、ビタミンを補給できるドロップです。

救急絆創膏
災害時は水が思うように使えないことも多いので、小さなキズを化膿させないために救急絆創膏を。

レインコート
小さく折りたたんで入れておけば、寒い日でも、雨の日でも安心です。

着がえ
入浴できなくても、衛生的にも気分的にもリフレッシュできます。

おもちゃ
一時でも夢中になって遊べるおもちゃを。電源が必要なゲーム機はひかえて。

18

バッグにもランドセルにも防災グッズ

地震がおこったとき、自宅にいるとはかぎりません。勤務中や買い物をしている最中や、自宅から遠く離れた旅行先で被災することも。

そこで、私は、外出中も防災グッズを持ちあるくことにしました。毎日持ちあるく物ですから、かさばって重いのはNG。比較的小さくて軽量な防災グッズを選んで、バッグにしのばせています。

もちろん、息子たちの通学バッグにも、しっかり入れています。東日本大震災は、多くの子どもたちが学校にいる時間帯におこりました。ぜひ、親子で話し合って、最低限の防災グッズだけは家族全員が常に持っているようにしてください。

防災グッズに加えて、私の家族が肌身離さず持っている物が、緊急連絡カードです。緊急時に居場所を伝えるのみならず、必要事項や身元を書きこめるので、身分証明書としても役立ちます。考えたくはありませんが、巨大地震で一度に多くのいのちが奪われた場合、身元確認は容易ではありません。サバイバルカードを、それぞれお財布に入れたり、通学バッグに入れたりして持ちあるくのは有効です。

バッグの中の防災グッズ

緊急ホイッスル（ＩＤカード付き）

登山の遭難対策などに考えられた物です。ホイッスルの中に、身元情報などを記入したＩＤカードを入れることができます。キーリング付きなので、携帯電話やキーホルダー、ペンダントなどにつなげることができます。

三角巾
ケガをしてしまったときの応急処置に。使い方もマスターしておきましょう。

チョコレート・飴・水
いのちをつなぐために、少しでも携帯するようにしています。

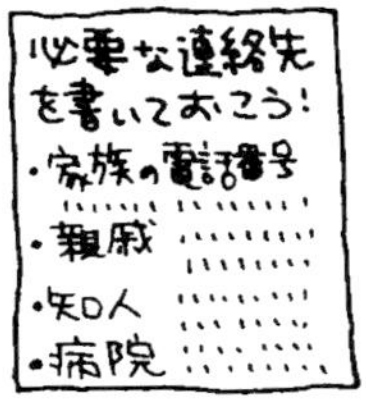

煙フード
2次災害の火災による有害な煙から身を守るアイテム。煙を吸わないことは避難の鉄則です。

緊急連絡カード
連絡先はすべて「携帯電話の電話帳の中」という状態では、万全ではありません。家族のほか、違う地域の親戚やかかりつけ病院などの連絡先を書いておきます。

ほかにもこんなものを入れておくと安心

わが家の貴重品リスト（⇨ P.87）
銀行の口座番号や連絡先、クレジットカードの番号と紛失時の連絡先など、生活再建に必要な重要事項をリストアップ。子どもに持たせるのは不安なので、大人だけが携帯しています。

わが家の防災マニュアル（⇨ P.156）
緊急時の連絡先や、待ち合わせ場所など、家族で決めたルールを１枚の紙にまとめておきましょう。わが家でも常に家族全員が携帯しています。

19

自宅で1カ月過ごすための備蓄

私が目指すのは、「避難しなくていい家」。そのためには、家族6人が1カ月過ごせるだけの備えが必要です。
わが家で用意している水は1t。といっても特大タンクを備えつけているわけではなく、エコキュート（⇨P.66）を2台用意し、給湯器の中に水を満タンに入れ、他に持ちはこべるタンクにも水を入れています。お米60kgに、トイレットペーパーや洗剤、シャンプーなど、毎日の生活に必要な消耗品もすべて1カ月分用意。かなりの量になりますが、食料は専用の収納庫に、それ以外の生活用品は分散して収納しています。

備蓄量の目安

「水」は必要量を計算して多めに準備

人が生命を維持するのに必要な水分量は、年齢や体重によって変わってきます。1kgあたり50㎖で計算すると、体重50kgの成人は、50㎖×50kg＝2,500㎖＝2.5ℓ／日となります。

「食料品」は水と鍋、コンロがあれば食べられるものを準備

非常用の特別な食料でなくても、ふだん食べている食品の中で保存食、非常食になりそうな物を用意。ふだんの生活でも消費しながら、定期的に買いたしていくのがよいでしょう。

「調理用品」はカセットコンロ、ガスボンベ、鍋があれば安心

ガスがとまってしまったときでも、カセットコンロがあれば安心。停電の可能性も高いので、ＩＨヒーターより役立ちます。かえのボンベは多めに用意を。お湯をわかしたり、温かい汁物などをつくったりするために、保温効果の高い鍋を用意しましょう。

「生活用品」「衛生用品」は1カ月分を目安に買いおきを

まずはトイレットペーパー。切らすと不便で、トイレ不安がますます強くなってしまいます。家族全員で、１日にどれくらい使用するかを確認して、備蓄の目安に。水を使えないと拭きとる作業が多くなるので、ティッシュやウエットティッシュも必需品。ほかに生理用品、オムツなど、すべての消耗品を常に1カ月分ストックしておきましょう。

「電気」は停電に備えてランタンを準備

ライフラインの復旧が遅れ、停電が続くこともあるので、懐中電灯だけでは不安です。定位置に光をもたらす灯りを準備します。倒れて火災を招くことがないので、ランタンが理想的です。

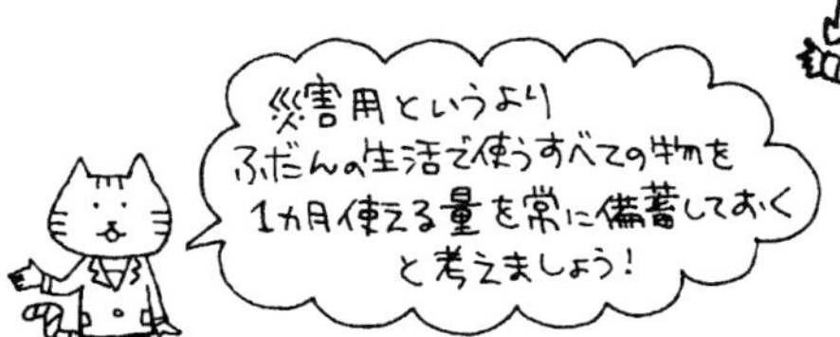

20

２週間分のメニューを決めて食料を備蓄

災害時の食事といえば、保存食の乾パンに缶詰、避難所で配られるおにぎりなどを思いうかべる方が多いのではないでしょうか。「地震がおこったのだから仕方ない」「非常時だから、ぜいたくはいえない」――そんなことはありません。災害時こそ、元気が出る食事が必要です。家族みんなが「明日から頑張ろう」と思える食卓にしたいと私は思います。

被災後も自宅で過ごせれば、カセットコンロでふだん通りの料理ができます。私は非常食を日常の食事の延長と考えています。ふだん食べている野菜や肉もできるだけ冷凍保存して、常に２週間分の食材をストックしています。

災害時は、野菜や卵など、傷みやすい食材や冷蔵庫内の調理しなくていい物から食べはじめます。冷凍品は、冷蔵庫に移して自然解凍させれば、保冷剤にもなります。

目標は２週間分のメニューを考えること。わが家の災害時のメニューを参考に、みなさんも献立を考えてみてください。

避難所では、たくさんの方が風邪や感染症などで体調を崩されました。中には、便秘がつらくて食事ができなかったという方も。非常時には、ビタミンやミネラル、食物繊維が不足します。野菜ジュースやジャム、野菜の入ったスープ、フルーツの缶詰、繊維が豊富な寒天のデザートなどを意識的に食べてください。

わが家では、災害時用のおやつとして添加物が入っていないポテトチップスなども準備しています。食には子どもの心を癒やす力があります。非常時こそ子どもが喜ぶスペシャルなおやつを用意してあげましょう。

国崎家で備蓄している食料

家族６人（大人３人、子ども３人）が１カ月食べられるように以下の食料を保存しています。ふだんの食事もここから使い、使った分は常に補充するようにしています。

スパゲッティ	約３kg
パスタソース	約20袋（１袋２人前）
お米	約60kg
お餅	約２kg
そうめん	約１kg
麺つゆ	２ビン
梅干し	２袋
常温保存できる牛乳	３本
うどん	約20袋
レトルトおかゆ たまごがゆ、さけがゆ、白がゆなど	約12袋
おかず缶詰 やきとり、サンマ、イカとダイコンなど	約10缶
レトルト おでん、ビーフシチュー、クリームシチュー、中華丼、牛丼、親子丼など	20袋（１袋２人前）
フルーツ・野菜缶詰 ミカン、モモ、パイナップル、ホワイトアスパラガス、ベビーコーン、マッシュルームなど	約20缶
野菜 レタス、トマト、ニンジン、タマネギなど	適量
食パン	４斤（８枚切り）
ロールパン	２袋（12個くらい）
マフィン	12個
ハム	約２パック
ソーセージ	約２パック
チーズ	約２パック
ジャム	３ビン（３種類）
インスタントスープ	50袋
インスタントみそ汁	50袋
ご飯のパック、アルファ米 牛飯、山菜おこわ、五目飯など	約15缶
中華麺（乾麺） カップ麺は水を大量に使うのでNG	約40袋
ペットボトルや缶飲料 100％フルーツジュース、野菜ジュース、紅茶、日本茶など	48本
乾物 干し梅昆布、ドライフルーツ、味海苔、かつおぶし、フリーズドライ食品、野菜ふりかけなど	多数
卵	約20個

メニューづくりの４つのポイント

1. 自宅での滞留生活を想定してメニューを考える

2. 自宅にある食材・調理器具だけでつくれるメニューを考える

3. カセットコンロを使ってつくれるメニューを考える

4. 茹でる、焼く、炒める、温めるでつくれるメニューを考える

日ごろから準備

葉物野菜はあらかじめ洗って冷蔵庫に
（断水時に備えて）

ハンバーグなどは多めにつくって冷凍
（焼く、温めるだけで食べられる状態に）

野菜は茹でて冷凍
（自然解凍すればそのまま食べられる）

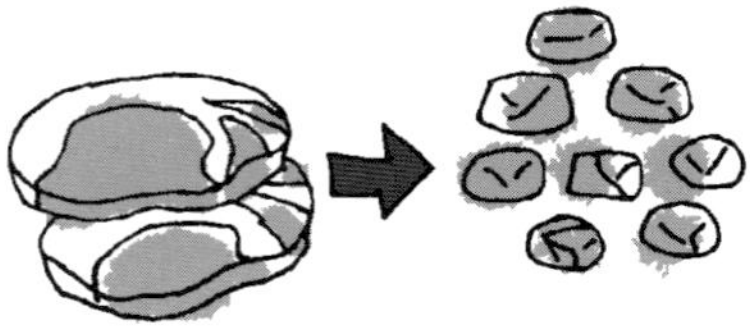

肉類はカットをしてから冷凍
（調理時間の短縮、洗い物を出さない工夫）

冷蔵庫にはそのまま食べられる物を常備
（停電時に備えて）

乾麺は３分で茹でられるパスタ、１分半で茹でられるそうめんなどを用意
（燃料の節約）

国崎家のメニュー　２週間分のだいたいのメニューを考えておくと安心。

1日目　地震直後なので簡単に食べられる物を用意

朝　サンドウイッチ（ハム、レタス、トマト、チーズ）
　　スープ
昼　ミートソーススパゲッティ
　　フルーツ
夜　サンマ
　　ご飯　みそ汁

2日目・3日目・4日目　パンなど賞味期限のある物、冷凍物を中心に

朝　マフィン（ジャムをぬる）
　　スープ
昼　冷凍野菜のパスタ
　　フルーツ
夜　冷凍ハンバーグ
　　ご飯
　　スープ

朝　トースト
　　目玉焼き
　　ソーセージ　牛乳
昼　うどん（卵でとじたり、ネギや油揚げを入れる）
夜　やきとり
　　ご飯
　　みそ汁

朝　ホットケーキ
　　ココア
昼　ラーメン（キャベツやニンジンなど、ある野菜を入れる）
夜　フルーツ
　　チキンライス
　　ロールパン

5日目・6日目・7日目　レトルト、乾物を中心に

朝　おかゆ
　　梅干し
昼　そうめん
夜　おでん
　　ご飯
　　みそ汁

朝　おにぎり
　　みそ汁
昼　クリームスパゲッティ
　　フルーツ
夜　中華丼
　　たまごスープ

朝　おにぎり
　　みそ汁
昼　カレー
　　フルーツ
夜　おでん
　　ご飯
　　みそ汁

8日目以降

レトルト、乾物を中心に残っている物でメニューを考える。

21

災害時に役立つ物を町で見つけておこう

災害時に、家族全員が安全に避難することができるように、地図を見ながら実際に避難所までの道を歩いてみましょう。
意識して歩くと、町の中には災害時に役立つ物が意外にたくさんあることに気づきます。たとえば、いつも使っていた自動販売機が、災害時に無料で飲料を提供する災害用ベンダーだったり、AED が搭載されていたり。
ほかにも、給水所や備蓄倉庫の場所、消防水利、救護所の設置される施設などを自治体に問い合わせたり、ウェブサイトで調べたりしておきましょう。
私は、災害時に利用できそうなものを町で見つけて、1つひとつ地図に書きこんで、「国崎家の防災マップ」をつくっています。

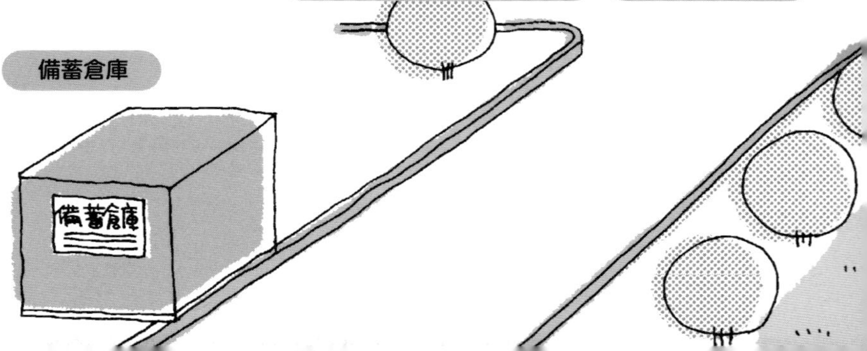

こんなものを見つけておくと便利

22

エコシステムは災害にも強い

水
水

東日本大震災とその余震で、全国187の市区町村が断水しました。半年間で約226万戸が復旧したものの、その後も約4万5,000戸で断水被害が続いています。地震がおこると、水道のみならず、電気やガスなど、ライフラインに被害が出ます。ふだんから公共の電気やガス、水道に頼らない「自立型ライフ」を目指してみてはいかがでしょうか。

たとえば、停電時の備えとして発電機を用意したり、ソーラーパネルをつけたり。わが家では断水時の対策として井戸を掘りました。被災時は、トイレの問題も深刻ですから、雨水タンクやエコキュートで、生活用水を確保するというのも賢い方法です。ウォーターサーバーを設置するのもおすすめ。

これらの設備には助成金がつく場合もあるので、お住まいの自治体に確認してみてください。

もうひとつ、私が注目しているのが、プラグインハイブリッドカー。発電機を搭載しているので、エンジンをかければ、自宅の家電製品を使用することができます。災害後の強い味方になってくれると思います。

水のストック

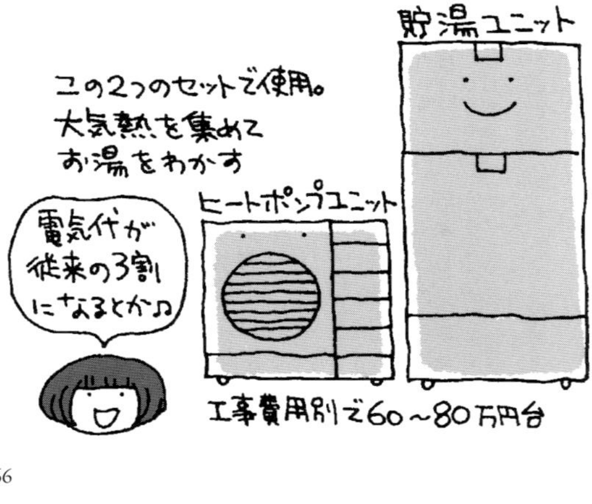

貯湯ユニット
この2つのセットで使用。大気熱を集めてお湯をわかす
ヒートポンプユニット
電気代が従来の3割になるとか♪
工事費用別で60～80万円台

エコキュート

ヒートポンプを使って、大気中の熱を回収して、給湯に必要なエネルギーとして利用するシステム。タンクにお湯をためるので、地震などで断水した場合、タンクの湯水を生活用水として使うことができます。310～460ℓタイプがあります。

阪神・淡路大震災のときも多くの人の暮らしに役立ちました

雨水タンク

雨どいを通して容器に雨水を集めます。ふだんは庭仕事や洗車に、災害時はトイレを流すときや洗い物をするときなど、生活用水として活用することができます。都市型水害の防止策としても注目されており、東京23区では助成金が出るところも。

小型ポリエチレンタイプ（110ℓ）／￥15,000円〜

ふだんは花だんの水やりに使ったり♪
容量は30ℓ〜300ℓ以上まで
素材もポリエチレン製
ステンレス製、木製といろいろ

手押しポンプを設置すると停電時でも使える

井戸

地域により、４ｍ掘れば水が出るところもあれば、100ｍ掘らなくてはならないところもあります。さらに地質によって、工事費用についても同じ１ｍ掘るのに数千円から数万円まで幅があります。井戸堀りの業者に、きちんと見積りをとってから発注を。

見積りサービス／全国さく井業者サポート協会　0120-417-617

水質のよし悪しもさまざまです

ウォーターサーバー

ウォーターサーバーを使っていれば、日ごろから水がストックされているので、断水でも安心。重心が上にあるので、倒れないようにジェルマットでとめておくのを忘れずに。

電気のストック

太陽光発電

太陽の光を受けて電気をつくり、家庭で利用するのが太陽光発電です。工事は大がかりで費用もかかりますが、電気代が安くなる上、あまった電気を電力会社に売ることもできます。国や自治体から補助が出る制度もあります。

プラグインハイブリッドカー

大量の蓄電池を搭載しているので、「動く非常用電源」として注目されているハイブリッドカー。トヨタのプリウスには、家電製品を電気コードでつないで使用できる機能が追加されました。

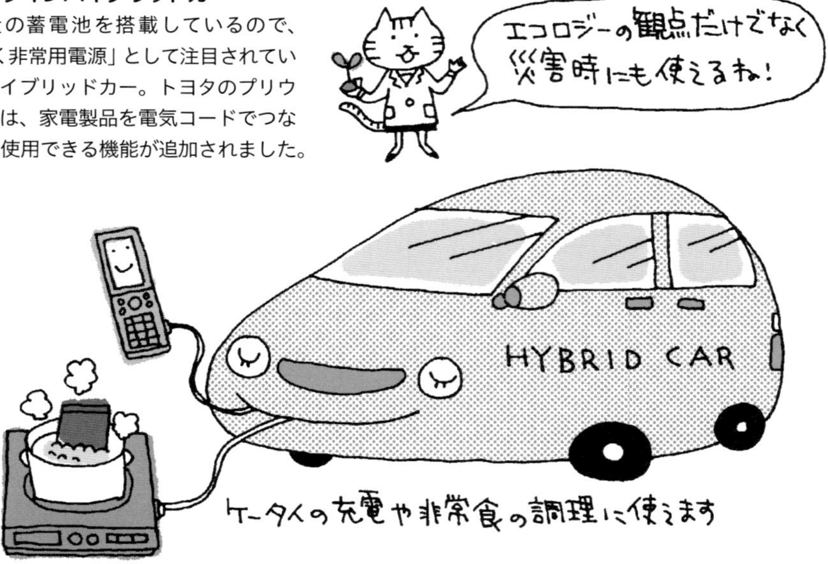

23

トイレは自分で用意する

「自宅のトイレが使えなくなったら、近くの避難所のトイレに行けばいい」と思われるかもしれませんが、自治体の仮設トイレの設置基準は100人に1基ともいわれています。決して十分な数とはいえません。

1回ひとりあたりの排泄時間を2分と計算すると、100人並んでいたら、3時間以上待つことになります。しかも1日1回というわけにもいきませんから、トイレに並んでいるだけで1日が終わってしまいます。自宅で過ごすにしても避難するにしても、トイレは大問題。災害時のトイレは、必ず自分で用意する必要があります。

トイレを用意するためには、家族の排泄量を知ることが必要。家族が1日に排泄する回数を大小別に調べます。家族全員の1カ月分が、用意するトイレの目安です。

また、発災後は回収がこないこともあるので、汚物の処理方法も考えておかなければなりません。わが家は井戸水で流すタイプと、便座に袋をかぶせて使用するタイプがあります。袋はまとめて最終的に一般ごみで処分します。外出時は大人用のオムツも利用します。バルコニーにしか汚物をおけないマンションでは、におい問題も深刻です。汚物をジップ式の袋に入れる、消臭剤を使用するなどの対策も考えておきましょう。

被災地では、トイレをがまんして膀胱炎や、水分の摂取をひかえて脱水症状やエコノミークラス症候群になるなど、体調を崩す人が多発しています。

災害時に便利な簡易トイレ

袋タイプ

高分子吸収ポリマーと排便袋がセットになっていて、使用後はすぐに便を固めて処理できます。消臭機能もついて、手を汚さずに処理ができるタイプのものがほとんどです。小便用、大小便用があります。10回分／￥1,330 ～

段ボールタイプ

段ボールで便座を組みたてるタイプ。トイレットペーパーや、凝固剤ポリマー、懐中電灯などがセットになったトイレキットも販売されています。
10回分／￥3,000 ～

自宅に庭があれば……

20㎝ほど掘ってトイレをつくるのも一案です。底に石や木の葉などを敷き、用をたしたら土などをかけて、におい対策をし、板などでフタをするようにします。

手づくりトイレ

簡易トイレがなくても、新聞紙を利用してトイレをつくることができます。

ゴミ袋

1. 便座にゴミ袋をかけます。

①
②
ちぎった新聞紙

2. 袋の中に新聞紙をおき、さらにその上に小さくちぎった新聞紙を入れます。

①
②

3. 用をたしたら消臭剤をかけ、上に新聞紙をのせます。

新しいゴミ袋を入れて①にもどる

4. 数回使用したら、ゴミ袋ごと処分し、新しいゴミ袋にかえます。

フタもできるとにおいの心配も半減
便座が使えない場合でもダンボールやバケツなどを使って簡易トイレをつくっても

3.11 わたしの体験 2

オフィスから家まで道もわからず

地震がおきたとき、東京・豊洲にある23階のオフィスにいました。船酔いしそうな、ゆらゆらとした揺れでした。16時までは会社に待機となりましたが、その後、帰宅するか否かは個人の判断に任されました。その時点で、どうやら公共の交通手段は全滅。私は、小学校４年生と保育園に通う娘がいたため、自宅のある渋谷区まで何としてでも帰宅せねば、と歩いてかえる決心をしました。しかしひとりでは不安。同じオフィスビルに同じ小学校のママ友が勤めていることを思いだし、電話帳で連絡先を調べて、なんとか連絡を取って、彼女とふたり、一緒に歩いて帰宅することにしました。

「道がわからない！」と困っていると、部署の上司が『災害時マップ』を渡してくれて、その上、ルートまで記入してくれました。会社でもしばしば、帰宅訓練を実施していたのですが、一度も参加したことがなかったことを、後悔しました。　（東京都渋谷区　42歳　会社員）

子どもたちの顔を一刻も早く見たくて

家は新宿で、会社は品川。保育園に通う２歳の息子と小学校１年生の娘がいるので、早く家に帰りたいという気持ちでいっぱいでした。職場が近い主人と連絡を取りあい、歩いてかえりました。地震がおきた日は、ちょうど実家の母が家にいて、子どもたちのお迎えをしてくれていたのですが、早く帰りたいという気持ちでいっぱいでした。歩きはじめてみると、家まで3時間半。仕事用の靴でしたし、荷物もあったので、思ったよりも時間がかかってしまいました。すごく大変でした。今回の地震を教訓に、スニーカーと携帯の充電器を会社においています。　（東京都新宿区　40歳　会社員）

学校による対応の違いにビックリ

ふたりの息子が、それぞれ違う私立の中学校に通っています。学校によって、地震後の対応があまりに違ったので驚きました。中２の長男の学校は、学校に備蓄があるということで、自宅に帰る電車が動くまでは帰さないという方針。学校に備蓄されているお米でご飯を炊いて、みんなで食べながら電車が動きだすのを待っていました。一方、中１の次男の学校は、住まいに合わせていくつかのルートと最終目的地がそれぞれ決めてあり、ルートごとに先生の引率で学校を出発。最終目的地まで歩いたようです。そこに家族が引きとりにいくというルールになっていましたが、保護者と連絡できなかったケースも多く、目的地からは子どもだけで帰ったり、親が来るまで先生と待っていたりという感じだったようです。今回を教訓に、次男の学校にも災害に備えた備蓄をしてもらえるようにお願いしました。

（東京都杉並区　33歳　飲食店経営）

歩いてかえるのはもうこりごり

はじめて経験する激しい揺れに、気が動転してしまい、１回目の揺れがおさまると、会社からすぐ外に飛びだしました。学童保育に行っている小学校１年生の娘を迎えにいかなければと、気持ちがあせっていたのだと思います。でも歩きはじめてみると、自動販売機が傾いていたり、ガラスが散乱していたり。タクシーの取り合いで、喧嘩もはじまり、とても怖い思いをしました。何とか5時間かけて川崎の会社から横浜まで歩いたものの、もうこりごりという気分でした。その後、地震後の混乱の中、歩いてかえるのは自殺行為という記事を読みました。次に地震がおこったら、会社に残ろうと思っています。

（神奈川県横浜市　29歳　会社員）

本棚がドアをふさいで出られない！

千葉市にある20階建て高層マンションの12階に住んでいます。築10数年のマンションです。地震がおきたとき、私は小学校１年生の娘をひとりで家に残していました。勤務先の薬局がある船橋から３時間以上歩いて家にたどり着いてみると、部屋は窓ガラスが割れ、食器戸棚が倒れ、すべての食器が飛びだし、部屋中にガラスが散乱しています。靴をもう一度履いて部屋に入り、娘の部屋に駆けよってみると、ドアが開きません。私は狂ったようにドアをたたいて娘の名前を呼びつづけました。「どうしたの？」「どうなっているの？」と聞くと、娘は「本棚が倒れちゃって出られない」と答えました。ドアを押しても、びくともしない！　飛びだした本をすべてよけさせ、からになった本棚を動かさせ、私がやっと入れるだけのスペースをようやく確保。子ども部屋の本棚も机も倒れ、あらゆるものが床をふさいでいました。固定していなかったことを猛省。

（千葉県千葉市　35歳　薬剤師）

ママ友が学校に掛け合ってくれました

地震発生時、私は中央区の会社で仕事をしていました。娘たちの小学校、保育園とは地震直後からまったく連絡が取れず、困りはてていました。「すぐには行けない」ということを伝えるすべがない。そのとき、地元のママ友が、「彼女はすぐに帰宅できないだろうから、子どもは私が連れてかえって面倒をみる」と８歳と４歳の娘をふたりとも引きとってくれたのです。ルールと違うからと難色をしめす学校に、強引に掛け合ってくれたようでした。「娘さんはふたりとも、私が迎えにいって、自宅で預かっています」という携帯メッセージを聞き、本当に感謝しました。17時過ぎに会社を出て、戻ったのは22時過ぎ。日ごろからの地元のママ友との関わりが大切だと実感しました。

（東京都渋谷区　39歳　会社員）

高層マンション！ 閉じこめられたらどうしよう

東京湾岸のマンションの10階に住んでいます。私はひとりで家にいたのですが、強い揺れを感じたので、すぐにテーブルの下に隠れました。２度目の長い揺れで、キッチンの棚の上にあった梅酒のビンとワインが落下。私はテーブルの脚につかまり、そこから飛びださないよう必死でした。でも、リビングの両側にある本棚が中央にせまってくる感じだったので、「押しつぶされたらどうしよう」と不安でしかたがありませんでした。地震後に見てみると、家具が壁から７～８㎝動いていました。マンション自体は新しく、地震に強いことはわかっていたのですが、ひとりでいるのが怖かったので、揺れがおさまったら、すぐに外に出ようと思いました。廊下に出てみると、棚にあったCDと文庫本はほとんど落下していて、通れません。もう一方の出口は、キッチンを通るのですが、ガラスが散乱状態。通路をまたいで、玄関へなんとかたどりつくと、階段を使って避難しました。後日、同じマンションの２階に住む友人と話をしたところ、彼女の家は被害がなかったそうです。うちは10階にもかかわらず、地震対策をとっていなかったので被害が大きかったのだと反省しました。

（東京都江東区　40歳　自営業）

引きとり訓練って意味あったのかな？

私は、千葉の船橋から蘇我にある小学校３年生の娘の小学校まで、20㎞を４時間かけて歩いてかえりました。そのしんどさから、毎年、防災の日に全校でやっていた「引きとり訓練」って本当に意味あったの？と思ってしまいました。毎年の訓練では、親が校庭に並んで待っているところに、先生に連れられた子どもたちがやってきて、先生が順番に子どもを親に引きわたしていくという内容ですが、そもそも親が迎えにいくことができないのですから！　そのときにどうするのか、を訓練しておくべきだったと実感しました。

（千葉県蘇我市　28歳　公務員）

妻はタクシーで身動きとれず 僕は保育園まで５時間歩きました

東日本大震災がおこったとき、僕は、東京都新宿区にある会社で打ち合わせをしていました。ようやく打ち合わせが終わって、外に出てみると、道には人と車があふれていました。すでにタクシー乗り場には、たくさんの人が並んでいて、とても乗れる状態ではありません。保育園に通う息子４歳と、小学生の娘10歳のお迎えに早く行かなければ……と気持ちがあせりました。神奈川県横浜市の会社に勤めている妻とは携帯電話もつながらず、とりあえず僕は、家に向かって歩きはじめました。電車も止まり、これは大変なことになったと思いました。妻はタクシーに飛びのったけれども、大渋滞で全く動かなかったそうです。ようやく僕が保育園へ到着したのが夜10時。いつもは電車で40分ほどの距離ですが、地震当日は５時間かけて歩きました。保育園から息子を連れて、小学校に行ったときは12時をまわっていて、娘は最後のひとりに。職場と学校や保育園が離れていることをつくづく実感し、近い将来また地震がくるといわれているのでとても不安です。

（東京都西東京市　49歳　会社経営）

高層マンションの揺れは独特でした

汐留にある29階の免震構造マンションに暮らして３年目。揺れを感じて真っ先に、１歳3カ月の娘を抱えてトイレに駆けこみました。建物がしなうように大きく揺れて、折れるんじゃないかと思いました。外を見ると、お台場に煙が上がり、ずっと先の石油コンビナートが燃えています。電気も水道も無事でしたが、エレベーターは４基ともストップして、復旧したのは翌日。幼い子どもを抱えて荷物を持って、この高さからひとりで階段をおりるなんて、とてもできないと思いました。

（東京都港区　34歳　主婦）

Chapter 3

家族が生きのびる防災マニュアル

まずは１人ひとりが生きのびること。生きてさえいれば、必ず再会できます。会うことを急がず、ふだんから、子どもたちに自力で乗りきる方法を教えておきましょう。

わが家の防災マニュアルをつくる

あれこれと地震対策をねっていても、いざというときは、頭が真っ白になってしまうものです。災害がおこっても慌てないように、わが家では「国崎家の防災マニュアル」をつくっています。
災害時に大切な知識や連絡方法、待ち合わせ場所、家族の役割分担など、わが家のルールをA4用紙にまとめ、家族全員が常に携帯しています。

防災マニュアルは、防災ショップや通販などでも手に入りますが、私は手づくりをおすすめします。家族みんなで話し合い、考えてつくった防災マニュアルは、各家庭の実情に合っているので、しっかり頭に入るからです。
家族で防災会議を開いて、ぜひオリジナルの「わが家の防災マニュアル」をつくってみてください。

国崎家の防災マニュアル

1. 非常時における家族との連絡方法

第1手段 各自がNTT 災害伝言ダイヤル（171）にそれぞれの状況と避難先を録音し、家族の伝言を再生する。録音再生には通話料がかかるけど、避難所の特設電話なら無料。
【録音】171⇨ 1 ⇨○○○ - ○○○○ - ○○○○（録音は10件まで30秒以内）
【再生】171⇨ 2 ⇨○○○ - ○○○○ - ○○○○（2日間保存される）
【171暗証番号】○○○○

第2手段 みんなの携帯にかける。つながらなくてもあきらめず、場所を移動してかけ直す。
【お父さんの携帯】○○○ - ○○○○　【お母さんの携帯】○○○ - ○○○○

第3手段 自宅の犬小屋の中に、自分の避難先や状況を書いて貼っておく。

第4手段 青森の祖父（○○ - ○○ - ○○○）に電話。家族の状況を尋ね、自分の状況伝える。

2. 待ち合わせ場所とルートの確認

待ち合わせの約束 ○○小学校の校庭のジャングルジムの横に、午前9時と午後3時に待ち合わせ。20分待ってこなければ次の時間まで自由行動。

避難ルート 自宅から行くときは指定通学路の通りに。駅から行くときは東口から、自宅方面にまっすぐ進んで○○小学校前の信号を左折して小学校へ。

- 大火事のときは○○公園へ避難。水害のときは○○小学校は高台になるので、校舎の上階に。
- 待ち合わせ場所、避難所までたどり着くのが状況的に困難なら、各自で判断して近くの避難所へ。それを災害ダイヤルに録音する。

3. 地震がきたら

① すぐに身を守る体勢になること。転倒・落下物から身を守る。② 揺れが収まったら、靴やスリッパを履く。③ 火の始末とドアを開ける。④ 状況を把握して、必要なら避難する。

4. 家具や家の下敷きになったら

家族の誰かが下敷きになって動けなくなったら助けを求めにいく

①近所の人 ②近くを歩いている人 ③自主防災組織（○○自治会館）④ 町内会館または避難所にいる人 ⑤災害ボランティアセンター（○○○○ - ○○○○）⑥119番 ⑦110番

自分が下敷きになったら

①体のどの部分を動かすことができるのか確認。 ②大声で助けを呼ぶ。 ③指先などを動かして、体の血行をよくする。 ④必ず助かると希望を捨てずに頑張ること！

5. 家を離れるときは

①電気のブレーカーを落とす。 ②火元やコンセントを確認する。 ③家の窓やドアの鍵を閉める。 ④家族の安否を書いた紙をドアに貼る。 ⑤身分証明書、クレジットカード、保険・共済の証券、家の権利証を忘れない。

6. 貴重品の取り扱い

身分証明書、クレジットカード、保険・共済の証券、家の権利証の番号をひかえておく。

25

待ち合わせ場所と避難経路を決めておく

東日本大震災後、明治安田生命が全国1,097人を対象に行ったアンケートでは、大地震発生時の心配事に93.4％の人が「家族の安否」をあげました。ところが、実際に連絡手段や集合場所を決めているのは、そのうちの３分の１。３人に２人が心配しながらも何も策を講じていないことがわかりました。

家族と連絡が取れなくても、待ち合わせ場所を決めておけば、会える可能性は高まります。都市部ではひとつの避難所に数千人集まることもあるので、具体的な場所を決めておきましょう。

わが家の待ち合わせ場所は、近くの小学校の校庭のジャングルジムの横。時間は朝９時と午後３時で、20分待ってこなかったら、引きあげることに決めています。

地震後数日は、大きな余震や２次災害に巻きこまれるおそれもあります。待ち合わせ場所にこなくても家族は生きていると信じて、安全な場所にとどまる行動を優先します。

また、前もって交通量の少ない道路や古い建物がない通りなど、安全に避難できるルートも選んでおきましょう。

電信柱
切れた電線から感電しないように注意！

知ってておきたい街の危険！
避難するときに気をつけよう!!
車道わき
揺れでハンドルをとられた車が暴走するかも！注意！
ブロック塀
倒れてきたら危険！
室外機
ビルの裏などに設置されている室外機が落ちてくることも！
ビル街
落下物に注意！建物からすぐ逃げられないときには建物内に避難！
信号機
停電で機能せず車が混乱して暴走する危険も！
商店街
屋根や照明つきのアーケードなど地震ではがれたり落下する危険も！
高架下 歩道橋など
高架の倒壊など落下物に注意！
商店街
CAKE
商店街
自動販売機
重さは250 ～ 450kg 下敷きにならないように！

26

家族との連絡よりも自分のいのちを守ること

「家族と連絡が取れなくて、心配だった」「確実に連絡を取るにはどうしたらいいのでしょうか？」——東日本大震災後、たくさんの方からそう聞かれました。でも、連絡が取れないのが災害ですし、はじめから連絡を取れないことを想定して準備しておくほうが現実的だと私は思うのです。

東日本大震災では、岩手県釜石市の小中学校の児童生徒のほとんどが、津波の被害を逃れて生存し、「釜石の奇跡」といわれました。東北には「てんでんこ」という言葉があります。「てんでんばらばらに逃げろ」「自分のいのちは自分で守れ」という意味ですが、この言葉は、１人ひとりが自分で考えて、自分のいのちを守れと教えているのです。私たちは、このことを忘れてはいけないと思います。

災害直後は、大きな余震もありますし、津波や火事などの２次災害もやってきます。地震後数日は、連絡を取ることばかりに固執せず、とことん生きぬくための行動を優先してほしいのです。生きていれば、連絡はいつか必ず取れるのですから。

また、災害の状況によってどの連絡方法が有効かわからないので、災害用伝言ダイヤル、災害伝言板、ツイッターやフェイスブックなど、いろいろな方法を考えておくことが大切です。

ふだんから「災害がおこったら、こうしよう」と家族で話し合っておきましょう。中高生のお子さんなら、ひとりのときはどうしたらいいか、何が危険なのかなど、自分で判断できるように知識を与えてあげましょう。

小学生以下なら、とにかくひとりにしないこと。そして「登下校中なら、学校へ行きなさい」と教えておきます。たとえ連絡が取れなくても「うちの子はきっとこうしているはず」「お父さんやお母さんはこんなふうに考えているはず」と、お互いの行動を読めるようにしておくことも重要です。

家族の行動表

時刻	家族の名前	日	月	火	水	木	金	土
朝9時	おとうさん							
	おかあさん							
	こども							
昼12時	おとうさん							
	おかあさん							
	こども							
午後3時	おとうさん							
	おかあさん							
	こども							
夕方6時	おとうさん							
	おかあさん							
	こども							
夜9時	おとうさん							
	おかあさん							
	こども							

27

学校は避難所 引きとりを急がない

小さいお子さんをお持ちの方は、災害が発生すると何がなんでも園や学校に迎えにいかなくては！ と思いがち。でも、大地震がおこった直後は町も道路も混乱していますから、危険がいっぱい。やみくもに行動すると、事故にあいかねません。

園や学校は自主下校はさせず、保護者が迎えにきてから下校させるというところが大半です。しかし、学校はもともと避難所としての機能を備えた場所。非常時は学校にとどまるほうがむしろ安全です。迎えにいったら、そのまま親子で学校に残る「引きのこり」も一案だと、私は思います。

どこの園や学校でも年に数回「引きとり訓練」が行われますが、引きとりにいけないことを想定して「引きとれない訓練」も必要です。ただし、子どもは「何かあったら、お父さんやお母さんが迎えにきてくれる」と信じていますから、「お母さんたちは、すぐに迎えにいけないことがあるかもしれないけれど、必ず行くから。それまで先生のいうことをよく聞いて待っててね」と話しておきましょう。

学校は避難所だから安心・便利

耐震性に優れている

各自治体は、1981年以前に建築された学校施設などの耐震化を進めています。耐震診断結果は各自治体のウェブサイトで見ることができます。

備蓄がある

学校には食料や水、毛布、タオルや紙オムツなどが備えてあります。

救護所になる

大災害時には、小中学校は救護所になります。

水や食料が配られる

救援物資は学校に集まってきます。水の配給車も立ちよります。

情報が集まる

避難所には対策本部が設けられるので、情報の収集と発信の窓口になります。

28

親が死んだときのことも考えておこう

厚生労働省によると、東日本大震災で両親を亡くしたか、両親とも行方不明の「震災孤児」は240人、ひとり親になった「震災遺児」は1,327人にものぼっています。

わが家では、銀行口座や生命保険、権利証書の番号などを「貴重品リスト」として1枚にまとめています。主人と私は、そのリストを常に携帯していますが、子どもたちに持たせるのは不安。そこで同じものを貸し金庫にも入れています。そして「万が一、お父さんもお母さんも死んでしまったら、このリストを持って弁護士さんに相談しなさい」と子どもに伝えています。私は友人の弁護士にお願いしていますが、いざというとき子どもが相談できて信頼できる大人、できれば遠い場所に住んでいる方を決めておくといいでしょう。

また、わが家は子どもが中学生になったので、親が死んだ場合にどういった問題がおこるかも教えています。たとえば、私の生命保険の受けとり人は夫ですが、夫も死んでしまった場合はどうするか、またお金を受けとるときにはどんな書類が必要かなど、できるだけ具体的に話をしています。

保険がおりたら、子どもは自分で生活していかなくてはなりません。中学生くらいの子どもであれば、頼れる親戚や友人についてや、お金のやりくりについても触れておきたいところです。

まだ子どもが小さいなら、細々したことを紙に書いてあげるといいでしょう。

わが家の貴重品リスト

年　　月　　日　現在

銀行

銀行名	支店番号	支店名	口座番号	種類	名義人	印鑑
TEL						
TEL						

生命保険

保険会社	種類	被保険者	証書番号	連絡先番号

損害保険

保険会社	種類	被保険者	証書番号	連絡先番号

カード

会社	種類	契約者	カード番号	連絡先番号

健康保険

名前	記号	番号	管轄

運転免許証

運転者	免許証番号	種類	備考

パスポート

名前	旅券番号	種類	期限

印鑑登録証

名前	印鑑登録番号	種類	備考

年金手帳

名前	基礎年金番号	種類	備考

権利証書

自動車関係

29

地震・避難生活を体験しておこう

体験ツアー

私は、避難所でたくさんの子どもたちと接しましたが、子どもによって、反応は大きく違います。提供するプログラムを「やるやる〜！」と意欲的に集まってくる子と、無気力な態度で参加を断る子がいます。この反応の違いは「体験」の有無による心の強さの違いなのかもしれません。

たとえば、キャンプを体験したことのある子なら、体育館の床に寝ることもそれほど苦にはなりません。でも、体験していないと、床の堅さや寒さをみじめに感じ、眠れなくなり、翌朝も気だるさから元気がありません。

私たちは快適すぎる生活の中で、非日常の困難な事態に適応していく能力を低下させているのかもしれません。ですから、子どもにはできるだけ豊富な実体験をさせてあげることが必要です。キャンプなどのアウトドア体験は、楽しみながらサバイバル術が身につく格好のトレーニングですが、家の中でもできることはいろいろあります。リビングにテントを張ってフローリングに寝る、庭やバルコニーで寝袋を使うなど、ほんの少し環境を変えるだけでも子どもの経験値は高まります。重要なのは、これらを日ごろから体験しておくこと。それによって、子どもの心に余裕が生まれ、非常時をのりきる強い心が育まれるのです。

全国各地にある「防災センター」は、地震や災害を体験できる貴重な場。視界がなくなるほどの煙や暗闇は、日常生活ではなかなか体験できません。

実際に被災すれば、誰でも心に深いキズを負います。住みなれた家の崩壊、大好きな家族や友だちやペットとの別れ、不自由な避難所生活……大きなストレスが一気にのしかかるわけですから当然です。日ごろからたくさんの実体験をさせて、生きぬく力をつけさせておきましょう。

防災センターは各地にありますが体験できる内容は場所によってさまざま
わが家は家族旅行の度に各地の防災センターへ行ってます

防災センターではこんな体験ができます

バーチャル地震体験
迫力ある大画面映像と震動装置を使って、大地震が発生した状況を体験できます。

震度7地震体験
起震装置を用いた地震体験コーナー。過去におきた8つの地震波の揺れを体験。

煙からの避難体験
煙の充満した廊下を、姿勢を低くして、すばやく避難する体験ができます。

消火器体験
キッチンから発生した火災を、消火器を使って初期消火する体験ができます。

消火体験
可搬式ポンプの起動、放水、消火までを、実物を使いながら学ぶことができます。

火災体験
コンロの火やブレーカーなど、火の元を探してから、消火するまでを体験します。

119番通報体験

公衆電話や携帯電話での通報体験。火災や事故などの状況を伝える訓練をします。

救出体験

倒壊した家屋の中で家具の下敷きになっている人を救助資機材を使って救助。

救護体験

三角巾による患部の固定方法など、いざというときに役立つ救護方法を体験。

マルチメディア学習コーナー

パソコンやグラフィックパネルなどを使って、防災情報が得られます。

強風体験

風速32ｍの強風発生装置により、強風下での行動の大変さを体験。

ドアの開放体験

地下室などの浸水時、ドアの開放がどれほど困難になるか、水のおそろしさを体験。

Chapter

4

暮らしを守る保険について

地震保険はどこまでカバーされるか……生活再建費用について、保険のプロに聞きました。家庭の状況や予算に応じて、むりのない保険の活用を考えてみましょう。

30

地震保険で生活再建の足がかりに

地震などの自然災害で家屋が損害を受けて全壊した場合、国から給付される支援金は最大で300万円です。
2008年、内閣府は、能登半島地震、新潟県中越地震などで、支援金を給付された1,403世帯に「被災者生活再建調査」を行いました。
約半数の世帯が、「住宅の建築・購入」に2000万円以上を支出し、20%以上の世帯で「家財道具の購入・修理」に201万円以上支出しました。
家が倒壊すると、公的支援金が満額支給されたとしても、家財の購入などにあてるのがせいいっぱいで、それ以上は、保険金や貯蓄、あらたな借金でまかなわなければならないのです。
防災士でファイナンシャルプランナーの安藤賢治氏は「地震保険はあくまで生活を立てなおすための一時的なお金なので、地震のこともふまえて、保険をトータルに見つめなおしてみることが大事」とアドバイスしています。
私は、地震後の生活再建に向けては、貯蓄と保険の両面から備えておく必要があると思います。
わが家では「建物」と「家財」の両方に地震保険を掛けています。地震保険は、火災保険にプラスして掛けなければいけない上、掛けすてで、補償額も少ないので、加入を控える方もいらっしゃるかもしれません。
でも人生80年といわれる中、日本では地震を避けて通ることは難しいのが現実。地震があったら、どんな家でも、被害ゼロということはありません。耐震構造、免震構造であっても、屋根の一部が壊れたり、壁にヒビが入ったりしてしまうでしょう。
地震保険はすぐに保険金が支払われるというメリットもあります。被災後は、たとえ少なくても、すぐに現金が手元に届くことは、確実に助けになります。被災地でも、地震保険に入っていてよかったという声をよく聞きます。
貯蓄が少ない方、ローン残高が多い方は、地震保険や自然災害共済に加入しておくのがおすすめです。月々の生活の中で、どんな保険を、いくら掛けるのか、各家庭に合った方法を考えてみてください。

地震後の生活再建に必要な費用はどれくらい?

日本震災パートナーズ(株)
シミュレーションより概算

4人家族(夫婦と子ども2人)の場合

東日本大地震による延焼のため、木造のマイホームが全焼。地震保険から保険金1000万円を受けとることができたが、ローンが1500万円残っており、500万円の住宅ローンが残ってしまった。1200万円を新たに銀行から借りいれることになったため、被災後の十数年間、それまでのローンとの2重ローンの経済的負担を強いられることになってしまった。

住まい 木造戸建て100㎡
地震被害 「全壊認定」となった
復旧状況 補修は断念、建て替えすることに
地震保険 保険金額(建物)1000万円、(家財)300万円に加入していた

自己負担額	建替え費用(新たなローン)	1200万円
	仮住まい家賃(12カ月)	120万円
	避難交通費	18万円
	引越し費用	32万円
	解体・除去費用	208万円
	印紙税諸費用	29万円
	家電など生活必需品	400万円
支給額	地震保険金(建物)	+1000万円
	地震保険金(家財)	+300万円
	生活再建のための費用	計707万円

3人家族(夫婦と子ども1人)の場合

耐震性の高いマンションだったため「半壊」の被害認定。でも耐震性に不安を感じて、ホテルなどへ仮住まいすることに。管理組合が「補修派」「建て替え派」に分裂。補修工事着工まで8カ月、工事期間4カ月。補修完了までの1年間、ホテルと賃貸アパートで暮らすことになり、仮住まい費用と住宅ローンの2重の経済的負担を強いられた。

住まい マンション 専有面積70㎡
地震被害 軽微な「半壊認定」となった
復旧状況 管理組合で「補修工事」を採択
地震保険 未加入

自己負担額	ホテル代(1カ月)	60万円
	仮住まい費用(11カ月)	110万円
	避難交通費	15万円
	専有部の補修費	100万円
	共有部の補修費	50万円
	引越し費用	28万円
	家電など生活必需品	200万円
支給額	地震保険	0円
	生活再建のための費用	計563万円

地震によるリスクに備えるには

建物の損害を補償したい場合

- 地震で家が倒れたとき
- 地震による火災で家が燃えたとき
- 地震による津波で家が流されたとき

→

- 火災保険 ＋ 地震保険（建物） P.96
- 各種共済（建物） P.102
- 単独加入可能な地震保険 P.103

家財の損害を補償したい場合

- 地震で家財が損壊したとき

→

- 火災保険 ＋ 地震保険（家財） P.98
- 各種共済（家財） P.102
- 単独加入可能な地震保険 P.103

車の損害を補償したい場合

- 地震、噴火、津波によって
車が壊れたとき、流されたとき

→

- 自動車保険＋地震や津波に関する特約 P.100

地震保険の加入 こんなところに注意

- 火災保険だけでは、地震・噴火・津波による損害は補償されません。
- 地震保険は火災保険に付帯する契約となりますので、地震保険だけで契約することはできません。
- 地震保険は掛けすてです。
- 地震保険は居住用の建物と家財のみが対象になります。

保険金を受けとるには……

担当者に電話

↓

査定人が現地を訪問

↓

損害を評価

↓

被害認定

↓

銀行口座に保険金の振込み

地震後、地震保険の保険金をどうやって受けとれるのか、どんな書類を用意しておく必要があるのかについて、損害保険取扱者の大久保順氏にうかがってみました。
「保険金を受けるためには、まず担当者に連絡をとるのが先決です。担当者であれば、名前と住所を伝えるだけで、査定手続きをとってくれます。必要な書類はありません。ただし、担当者に連絡がつかなかったり、連絡先がわからなかったりした場合には、契約している保険会社のカスタマーセンターに連絡をすることになります。その場合には、証券番号が必要になります。保険金は地震後１年間、申請が可能ですが、家財保険などでこわれた食器などを補償してもらおうと思った場合には、こわれた状態を確認してもらう必要があります」
私は貴重品リストに、わが家の保険担当者の連絡先を書きくわえています。
東日本大震災では、被災者からの連絡をもとに、査定人が現地に向かい、被災者と一緒に現地を見て、リストにもとづいて査定。そして、被害認定。その後、約１週間で保険金の支払いがされたケースが多かったようです。

31

持ち家で「建物」に地震保険を掛ける

持ち家は、戸建住宅でもマンション（専有部分）でも、「建物」と「家財」に「地震保険」を掛けることができます。どちらも「火災保険」とのセット加入になります。

ただし「地震保険」の保険金額は、「火災保険」の保険金額の30～50％、上限5000万円となります。地震保険だけで、建てかえ費用を全額カバーするのは難しいかもしれません。とはいえ、生活再建に向けての足がかりになるでしょう。

「地震保険」でいくら補償してもらいたいか、掛けすてとなる掛け金をいくらにするかを考えて、家計に見合った保険内容を検討してみてください。

「火災保険」だけでは、地震による火災は補償されません。地震の被害は、あくまで「地震保険」で補償されるのです。

マンションの場合は、エレベーターやバルコニーなどの共用部分は管理組合での保険加入になるので、管理組合に確認してください。

「地震保険」は、法律に基づいて運営されているので、契約条件が同じなら、どの保険会社で契約しても、保険金額と掛け金は同じです。

地震保険 建物の補償

掛け金は以下の3つの要素で決まる

1 建物の所在地
地震の発生率、予想される被害規模の大きさによって違います

2 建物の構造
木造・モルタル、鉄筋コンクリート、鉄骨造かによって違います

3 割引制度
要件を満たすと、割引を受けることができます

1981年6月1日以降に新築された建物の場合	10％
耐震等級を有している建物の場合	10～30％
免震建築物である場合	30％
耐震基準を満たしている建物の場合	10％

地震保険 建物の補償　保険金と掛け金はどれくらい?

▼火災保険金額2000万円、鉄骨造建物、割引なしの場合

建物の所在地	地震保険の保険金	掛け金／年
東京都	600万円	10,140円
	1000万円	16,900円
大阪府	600万円	6,300円
	1000万円	10,500円
岩手県	600万円	3,000円
	1000万円	5,000円
静岡県	600万円	10,140円
	1000万円	16,900円

地震保険 建物の補償　保険金の割合はどれくらい?

損害の程度		保険金の割合
全　損	主要構造部の損害額が建物の時価の**50**%以上	地震保険の保険金額**100%**
半　損	主要構造部の損害額が建物の時価の**20**%以上**50**%未満	地震保険の保険金額**50%**
一部損	主要構造部の損害額が建物の時価の**3**%以上**20**%未満	地震保険の保険金額**5%**

地震保険が600万円の場合の保険金額

全損の場合は600万円
半損の場合は300万円
一部損の場合は30万円

地震保険が1000万円の場合の保険金額

全損の場合は1000万円
半損の場合は500万円
一部損の場合は50万円

32

賃貸住宅で「家財」に地震保険を掛ける

全労済のウェブサイトによると、夫35歳、妻30歳、小学生の子ども２人の４人家族の家庭には、家具、家電、食器、衣類、鞄、アクセサリーなど、平均して1667万円の家財があるそうです。それらが地震で損壊し、もう一度買いそろえようと思ったら、1667万円もの金額が必要になります。

「家財保険」は、建物の所在地・建物の構造・割引制度などを目安に、掛け金が決まります。保険会社によって設定価格が異なりますので、保険会社に問い合わせてみるのがいいでしょう。

賃貸契約を結ぶとき、不動産屋さんのすすめによって加入するのは「建物」の火災保険が一般的です。

しかし、損害保険取扱者の大久保順氏はいいます。

「賃貸に住んでいる方の中には、自分が入っている保険が『建物』に掛けているのか、『家財』に掛けているのか、理解されていないケースが多い」

「地震保険」に入っていなければ、地震災害には適用になりません。この機会に、自分が加入している保険を一度見直してみることをおすすめします。

地震保険 家財の補償

掛け金は以下の3つの要素で決まる

1 建物の所在地
地震の発生率、予想される被害規模の大きさによって違います

2 建物の構造
木造・モルタル、鉄筋コンクリート、鉄骨造かによって違います

3 割引制度
要件を満たすと、割引を受けることができます

1981年6月1日以降に新築された建物の場合	10％
耐震等級を有している建物の場合	10～30％
免震建築物である場合	30％
耐震基準を満たしている建物の場合	10％

地震保険 家財の補償　保険金と掛け金はどれくらい?

▼火災保険金額600万円、鉄骨造建物、割引なしの場合

建物の所在地	地震保険の保険金	掛け金／年
東京都	180万円	3,040円
	300万円	5,070円
大阪府	180万円	1,890円
	300万円	3,150円
岩手県	180万円	900円
	300万円	1,500円
静岡県	180万円	3,040円
	300万円	5,070円

地震保険 家財の補償　保険金の割合はどれくらい?

損害の程度		保険金の割合
全　損	損害額が家財全体の**80**%以上	地震保険の保険金額**100%**
半　損	損害額が家財全体の**30**%以上**80**%未満	地震保険の保険金額**50%**
一部損	損害額が家財全体の**10**%以上**30**%未満	地震保険の保険金額**5%**

地震保険が
180万円の場合の保険金額

全損の場合は180万円
半損の場合は90万円
一部損の場合は9万円

地震保険が
300万円の場合の保険金額

全損の場合は300万円
半損の場合は150万円
一部損の場合は15万円

33

「車」は車両全損時一時金特約で

東日本大震災で、たくさんの車が津波でいとも簡単に流されていく光景を目のあたりにして、マイカー補償について考えた方も少なくないと思います。

自動車保険の通常の「車両保険」では、地震や噴火、津波による車の損害は、補償されません。これらの自然災害は、一度に損害リスクが高くなる可能性があり、民間の保険会社では対応しきれないとみなされているからです。

そこで私は、車両保険に、地震や噴火、津波などを補償する「特約」をつけています。これは東日本大震災の津波による車両被害が大きかったことから、新たにつくられた特約です。ただし、補償は「全損」の場合のみに限定されていて、それ以外は対象にはなりません。

また、補償される金額は、車種に関わらず一律50万円です。300万円の車でも、70万円の車でも、補償額は50万円ですが、50万円未満の車の場合はその車両金額が上限となります。

掛け金は、年間5,000円です。

東日本大震災を受けて、車両保険の契約期間途中でも、特約をつけることができるようになった保険会社が増えてきています。

34

「ヒト」をカバーする生命保険 東日本大震災では特例

住宅ローンを組んで家やマンションを購入された方は、同時に「生命保険」に加入された方が多いと思います。夫が自分の身に万が一のことがあっても、妻と子どもたちはわが家で暮らすことができるように……と考えてこられたからでしょう。

この「生命保険」に、地震などの自然災害による補償が含まれないことはご存じだと思いますが、400年に一度の未曾有の災害となった東日本大震災では、特例として、「ヒト」をも対象とするという措置がとられました。しかも、スピーディに手続きが進み、その特別措置に、心あたたまる思いをされた方も多かったと思います。

しかしながら、今後はこのような特別措置は適応されないといわれています。厳しいいい方をすれば、地震で死んでも、住宅ローンの残額を補填することはできないのです。

巨大地震がおこることを想定して、あらためて、あなたのライフプランを考えることをおすすめします。

35

自然災害共済に加入することも

「共済」は、生命の危険や住宅災害、交通事故などの被害に対して、組合員が相互に助け合うことにより、保障・共済事業を行う協同組合です。代表的なものに全労済、CO・OP共済、都道府県民共済などがあり、出資金を出せば誰でも組合員になることができます。

地震災害による火災で保障を受けるためには、全労済やCO・OP共済のように「火災共済」にプラスして「自然災害共済」に加入するタイプや、ＪＡ共済のように自然災害がすでにカバーされているタイプがあります。

「建物」だけ、「家財」だけの契約も可能ですし、両方ともカバーしたい場合は、両方に加入することもできます。

東日本大震災後、私は被災地で、共済の方が、被災者と親身になって接する姿をよく目にしました。共済は営利を目的としない組織で、「みんなで助け合う」という理念があるので、困ったときこそ組合員に寄りそい、親身になって対応しているのだと感じました。

「共済」の商品は、全般的に「地震保険」に比べて、掛け金が低く、したがって保障金額も高額にはなりません。充実した保障を求めるなら、たとえば全労済では自然災害共済の保障金額を引きあげた大型タイプもあります。商品毎に、それぞれ特色がありますので、担当者に相談したり、ウェブサイトで確認してみてください。

36

補償額をさらに増やしたいなら

「建物」に掛ける保険、「家財」に掛ける保険などいろいろな保険がありますが、補償額をもっと増やしたいと思ったら、日本震災パートナーズ㈱が扱う「リスタ」や、東京海上日動火災保険㈱が販売している「地震上乗せ補償」に加入する方法があります。

「リスタ」は単独で加入することが可能なので、「経済的な負担を減らしたいから火災保険には入りたくない」という方や、「火災保険」や「共済」に上乗せしての補償をもっと充実させたいという方におすすめです。

建物や家財の価値に関係なく、必要とする保険金に応じて、掛け金を自分で決めることができます。

最大補償額は、５人以上の世帯で900万円ですが、保険料をおさえたい場合は、700～300万円を選ぶこともできます。

損害の状態を損害保険会社が査定する「地震保険」と違い、自治体が発行する「り災証明書」の判定結果がそのまま適用されます。

ただし、加入できるのは1981年６月以降に建てられた建物に限られています。

37

財産を疎開させてみる

震災後の生活再建を見すえて、財産を数カ所にわけて保管しておく方法を、私は提案しています。貸金庫、民間のセキュリティボックスを利用するのもひとつ。入れておくものは、再発行できないものや、補償がきかないものです。

わが家では以前、車で3時間の場所にトランクルームを借りていました。部屋の中や廊下、階段にまで荷物がいっぱいという状態では、逃げ道確保の面でNGです。すぐに使わない物は倉庫へ預けておきましょう。

さらに「自宅が被害を受けて、すべてを失ったとき」を考えると、遠隔地のトランクルームなら財産を守ることも可能。家族分の下着や衣類、食器などを預けておくのはおすすめです。

東日本大震災では、津波が住民の財産を根こそぎ奪っていきました。特に家族を失った方々にとって、写真は宝物です。クラウドやSkydrive、Dropboxなどインターネット上に保存しておくと安全です。

どこまで財産を守るのか、そのためにどこまでお金をかけるのかということは、家庭の価値観によると思います。ふだんの生活がひっぱくしないようほどほどに、ということも選択のひとつですし、心配だから徹底的に備えるという選択もあり。それぞれのご家庭に合った方法を考えてみてください。

財産の疎開先

金融機関の貸金庫

月額2,000円くらいから。その金融機関に口座を持っていることが条件となります。出し入れできるのは、銀行の営業時間内。

民間のセキュリティボックス

早朝から夜間、土日も対応が多いようです。指紋認証で登録し、入退場、開閉も暗証番号なので安心。月額3,000円くらいから。自宅から近くて、さっと行ける場所が理想的。

再発行できない物

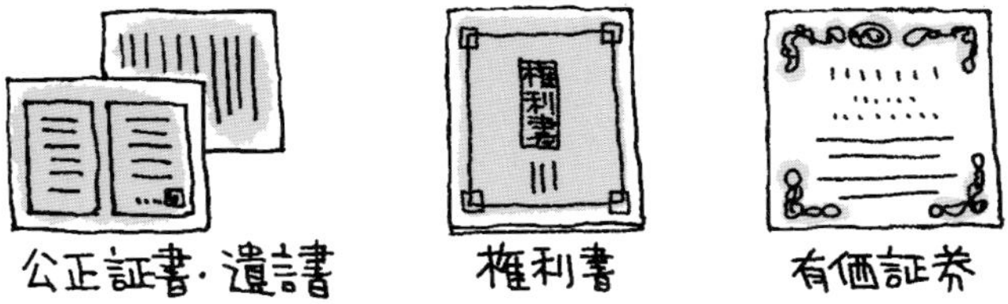

補償できない物

トランクルーム・レンタル倉庫

いつでも出し入れするというより、大切なものを保管するということであれば、自宅から離れた地域に借りるのがベスト。長期間保管なら湿度や温度管理の施された室内タイプの倉庫を選んだほうが安心です。３～４畳で年額２万円くらいから。

思い出の品

すぐには使わない物

3.11 わたしの体験 3

各社のミルクやオムツがずらり

私はボランティアで、避難所をまわりました。「足りないものはありますか」と聞いてまわると、「大丈夫です」という声が多く、ママたちの前にはミルクもオムツもいろいろなメーカーのものがずらーっと並んでいるくらいでした。私たちボランティアは、寒さよけのレッグウォーマー、おんぶひも、妊婦さんの腹巻きなど細かいものを揃えたくらいでした。でも、避難所によって、物資の供給に差があったように思います。

寒かったので、下痢や風邪がはやりましたが「あのおじいちゃんがうろうろするからうちの孫に風邪がうつったんだ」「あの子が赤ちゃんに触ったからうつった」など、日を追うごとに、ストレスから人間関係がぎすぎすしてしまいました。

（岩手県盛岡市　29歳　団体職員）

体育館のカーテンを外して
赤ちゃんをくるみました

私は助産師なので、赤ちゃんやお母さんのことが気になりました。雪も降りだしてとても寒かったのですが、何人ものお母さんが着の身着のまま、赤ちゃんを素手で抱っこして避難所にきていたので、体育館のカーテンを外して赤ちゃんをくるんだりしました。沿岸で勤務する助産師たちは、自分の家族の安否もわからないまま、病院にとどまり、度重なる余震の中でお産や赤ちゃんの世話をしていました。

助産師会では、避難所を運営している方に、赤ちゃんを連れたママには、学校の保健室など個室を提供していただけるようにお願いし、少しでもゆっくり過ごせるようにしました。

（岩手県盛岡市　43歳　助産師）

寒い夜も、子どもを外であやしていました

避難所では寝る場所も土足。寝起きするところを、みんな屋外やトイレに行った靴で歩きまわっていましたので、衛生面は大きな問題でした。また、ペットが廊下などでフンをしたりします。でもしばらくして、動物病院のボランティアの方にペットを預けられるようになって、状況は改善されました。

地震直後は、全体がピリピリしていました。食料も絶対的に不足していたので、その配分をめぐっていさかいがあったり、ささいなことでいい合いが生じたり。小さな子どもを連れたお母さんなどは、子どもが泣くのをとがめられるので、寒い夜、外に出て子どもをあやす姿も見られました。その後、避難所では、グループ分けして、グループごとにリーダーを決めました。リーダーが会議をしていろいろなルールを決めたり、パトロールをしたりすることで、混乱していた避難所にも、だんだんと秩序が生まれていきました。

（宮城県石巻市　38歳　主婦）

小さな心がけがトラブルを防ぐ

震災後、水道の蛇口を開けたまま避難された方がいました。長期間避難所にいて、水道が復旧しても蛇口が開いたままで水びたしになり、階下の給湯器数台が壊れてしまいました。地震は天災扱いになるので、こうした過失の修繕費用は地震保険の適用外。本人にも支払い責任はないそうです。地震のときは誰かひとりの責任ではなく、みんながお互い様という気持ちでやっていかないと復興もうまくいきません。避難する際は、ガスや水道の元栓、火の元を確認し、2次災害はおこさないことが大切だと思いました。緊急時の備品を日ごろから備えておくと共に、冷静に対応できる心も備えて、相手を思いやる気持ちが大切だと思います。

（茨城県水戸市　61歳　会社員）

入居時に加入した地震保険を活用

地震発生時は出張で静岡県にいました。２日後、ひとり暮らしの自宅に戻ると、鉄筋コンクリートのアパートの２階にある１Ｋの部屋は、物が散乱して足のふみ場もない状態。食器棚や引き出しはすべて開き、お皿や陶器の置物などは、全部落ちて割れていました。テレビも落ちて破損。靴を履いたまま１日がかりで片付けました。予想以上の部屋の惨状に地震の凄まじさを感じました。賃貸アパート入居時の条件として加入していた地震保険が役立ちました。保険会社に連絡すると、１週間以内にきてくれて、査定員の方と一緒に、リストに添って被害状況を確認。結果は一部損壊で、補償額は５万円と決まりました。その場で用紙にサインをして終了。スムーズに保険がおりたので助かりました。

（茨城県つくば市　32歳　エンジニア）

地震保険の必要性を痛感

公園で犬の散歩をしているときに地震に遭遇。アスファルトはぼこぼこになるし、体験したことのない強い揺れに、知らない人と手をつなぐほどの恐怖でした。家に戻ると、家具が移動して玄関が開かなくなっていました。家屋の基礎部分も損傷を受けており、すぐに保険の査定を受けました。結果は、一部損壊で、約50万円の保険金が10日以内におりました。また、隣の家屋のコンクリート塀が傾き、わが家の２階部分に一部のしかかってきてしまう被害もありました。これは地震が原因ということで隣家の責任ではなく、被害者各自が負担するものだとわかりました。地震のような天災では、すべてが保険でカバーできるわけではないということも知りましたが、基礎となる地震保険にしっかり入っておいて本当によかったと思います。

（茨城県水戸市　60歳　主婦）

国からの支援金でマンションの共用部分を補修

6年前、15階建てのマンションの12階に部屋を購入しました。購入時に火災保険と一緒に地震保険に加入していましたが、地震直後には入っていたことに気づきませんでした。保険会社から通知が数回きて、ようやく保険の存在に気がつきました。この保険でカバーされるのは、部屋の内部にあたる占有部分。玄関やバルコニー、窓など外に向かっている部分は共用部分になるので、個人の保険は適用されないそうです。通常、共用部分は、マンション自体が入っている保険を使うのですが、私たちのマンションは地震保険に入っていなかったので、管理組合で話し合い、国から支給される再建支援金を使って共用部分を直すことにしました。仙台市の査定結果は、半壊より上で全壊より下の「大規模半壊」判定。この判定により支給された建物損害の支援金を、共有部分の修繕費にあてました。

（宮城県仙台市　43歳　会社員）

ポリタンクもなくて水がもらえない

地震直後は、断水も停電もしていなかったので、トイレ用に水はバケツ１杯分しか汲んでおきませんでした。ところが、翌朝８時ごろ蛇口をひねってみたら……既に遅し。水はちょろちょろしか出ません。水道局に電話してみると「断水しているので、水は給水車からもらってください」と。でも、水を汲むポリ容器はもっていないし、途方にくれました。家ではお皿にラップを敷いたり、割り箸を使うなどしてトイレ用に汲んでいた水をひたすら大事に使い、２日間の断水をやりすごしました。２日だったからよかったけれど、断水がもっと続いたらどうなっていたことか。震災後、お店が開いたら、真っ先に折りたたみ式の水の容器を購入しました。でも、給水車のところにいけば、水を入れられる袋をもらえたとあとで知りました。

（茨城県つくば市　25歳　会社員）

ペットボトルの湯たんぽで寒さをしのぐ

震災後、１週間は避難所にいたのですが、寒くて寒くて凍えていました。すると、隣の家のおばあちゃんがペットボトルで湯たんぽをつくってくれました。少し冷ましたお湯をじょうごで入れて、タオルでくるんで使いました。数日は同じ水をわかしながら何度も使って、最後はバケツに入れて手を洗ったり、トイレを流したりして使いました。

（福島県郡山市　23歳　タクシー運転手）

地震保険に入っていてよかった

自宅は、壁の一部が崩れたり、ヒビが入ったりしましたが、火災保険にも地震保険にも入っていたので、保険会社から全壊の判定を受けて、補償が全額おりました。

食器棚は留め具をしていたにもかかわらず、観音扉が開いてしまい、大事にしていた食器が破損しました。でも、家財保険にも入っていたので、６客あったティーセットのうち２客が割れてしまった、といったものまで補償がおりました。掛け金は火災保険と地震保険あわせて毎月２万円くらいかかり、つらかったのですが、地震保険に入っていてよかったと思っています。

行政からの助成金が75万円出ました。判定は、一部損壊、半壊、全壊のいずれかに分類されます。役所の人が抜きうちで判定にまわっていました。判断で額が大きく違うので、判定に異議を申したてる家庭も多かったようです。不服申し立ては４度までできるということでした。また、半壊以上の判定を受けた世帯の人は、医療費も無料になりました。

（宮城県仙台市　50歳　自営業）

Chapter

5

地震と２次災害への対応マニュアル

都市で、山で、海で、川で……地震に遭遇する場所によって、２次災害への対処の仕方は変わります。生きのびるために、家族で知っておきたいさらなる注意事項。

38

グラッときたときの基本行動

わが家では、ダイニングのイスとリビングにクッションを、テレビの横には夏でも毛布をおいています。これらはいざというとき、落下物から頭を守るための緩衝材になってくれるからです。揺れを感じたら、そばにある毛布やクッションで頭を守り、「ダンゴ虫のポーズ」をとりなさいと、ふだんから子どもにいいきかせておきましょう。このポーズは落下物から頭を守るのに効果的なポーズです。
もし離れた場所に子どもがいても、名前を連呼するのは危険です。子どもは呼ばれると、まわりの状況もわからぬまま、母親のほうへこようとします。母親もむやみに動いてはいけません。

グラっときたら……

1. 危険なものから離れる

まわりを見わたし、家具や転倒物、落下物などからすぐに離れます。

2. 頭を保護する

布団やクッション、カバンなどを頭にのせて保護します。

3. ダンゴ虫のポーズをとる

頭を保護したまま、頭と膝を床につけてしゃがみこみます。「頭を抱えて丸くなって」というよりも子どもにはわかりやすいようです。

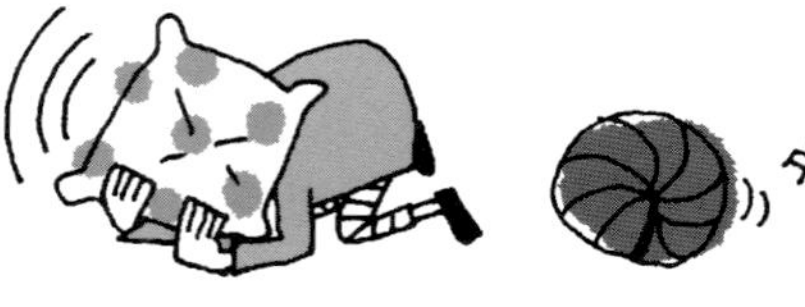

揺れがおさまったら……

1. 自分のケガの確認
まずは自分がケガをしていないか、全身を見ます。ケガをしているようなら、止血などの手当をします。

2. 靴をはく
室内にいる場合には、動きまわる前に靴やスリッパをはきます。ガラスが飛散している場合があるので厚底を。

3. 家族のケガの確認
子どもも含め、家族やまわりにいる人にケガがないか確認します。ケガをしているようなら、手当てをします。

4. 火元確認
火がついているときに地震がおこっても、慌てる必要はありません。消しにいくのは揺れがおさまってからに。

5. 初期消火
もし火事がおこっていたら、すぐに消します。見える場所に消火器を用意しておくと初期消火に役立ちます。

6. 避難ルートの確保
ドアを開けて、逃げ道を確保します。できればベランダと玄関など２方向に避難できるようにしておければベスト。

39

エレベーターは使わない

国土交通省によると、東日本大震災で宮城、秋田、東京など15都道県で、少なくとも計207台のエレベーターで閉じこめが発生しました。

最新のエレベーターには、「地震時管制運転装置」がついているものもあり、揺れを感知すると、エレベーターはもより階で自動的にとまり、扉は手動または自動で開きます。

国は2009年9月に施行された「改正建築基準法」で、すべてのエレベーターに地震時管制運転装置の設置を義務づけました。しかし、現在、国内で稼働するエレベーターの約95％にあたる、65万台が未設置。その中でマンションのエレベーターは20万台近くもあるといわれています。

そう考えると、今のところは地震がおきたら絶対にエレベーターには乗らず、避難する場合は、階段か非常階段を使うほうが賢明です。もし、乗っている最中に大きな揺れがあったら、落ちついて対処してください。

マンションにお住まいの方は、お使いのエレベーターに、地震時管制運転装置がついているかどうか、管理組合もしくは自治会に確認してみることをおすすめします。未設置の場合は、早急に対応してもらうように、掛け合ってみましょう。ほとんどのマンションでは、エレベーターの定期点検は、毎月行われていますので、メンテナンス業者に不明点を聞いてみるのもよいと思います。

揺れを感じたら

自動着床装置が働けば、もより階でとまりますが、そうでないことも想定し、すべての階のボタンを押します。

停止してしまったら

非常用の呼び出しボタンやインターホンで助けを呼びます。エレベーター内のインターホンからサービス会社に連絡すれば、どのビルのどのエレベーターからなのかわかるので、救助員が派遣されます。

インターホンがつながらなかったら

エレベーター内に表示のある管理会社か、消防署に携帯電話から連絡を入れます。

閉じこめられてしまったら

閉じこめられてしまったら、長期戦になるかもしれないと覚悟して、床に座るなどして体力を温存します。何より、パニックにならないよう、冷静に、同乗した人たちと声をかけ合うようにしましょう。

備蓄ボックスをさがしてみよう

エレベーターには、水、非常食、ラジオ、ブランケットなどが備えられている場合があります。救援物資を取りだしたあとは、備蓄ボックス本体をトイレとして使用できるようになっています。ふだん使っているエレベーターに、備蓄ボックスがあるか、確認しておきましょう。

非常階段を利用するときのルール

1. 避難時は災害時要援護者を優先

傷病者、乳幼児、高齢者、障害者などの避難を助けてあげましょう。

2. 非常階段の通行方向を厳守

おりる人、あがる人の混乱を防止するため、どちら側通行かを決めます。

3. 非常階段では懐中電灯を携帯

非常灯では十分でないので、足元の安全のために懐中電灯が必要です。

40

火は出さない、広げない

総務省消防庁によると、東日本大震災では324件の火災が発生。約半数は津波に見舞われた地域でおこっています。「冠水した町がなぜ？」と思われるかもしれませんが、車から流出したガソリンや港湾施設から流れでた燃料などが市街地に漂着し、何らかの原因で着火、燃えひろがったのです。冠水地域の火災焼失面積は約65 ha。阪神・淡路大震災での焼失面積とほぼ同じだったそうです。
火災の火元は台所にあると思われがちですが、原因の多くは一時停電し、復旧した際におこる「通電火災」です。

なかなかできないことですが、地震直後は、ブレーカーを落として懐中電灯で過ごすのが理想的です。特に自宅を離れて避難する際には、家を出る前に必ずブレーカーを落としているかどうか、確認するのを忘れずに。
都市部では、小さな火災が「火災旋風」に発展することがあります。火災旋風がおこってしまうと、消すことはできません。何より初期消火が大切です。
自宅から火を出さない、町で火災を見かけたときにはまわりの人と協力して消火する、その2点を常に心がけるようにしましょう。

火災を出さないために

火を消すのは揺れがおさまってから

火を使っているときに地震がおきたら……真っ先に火を消すことができればいいのですが、消せない場合は、揺れの中でむりに火に近づくのは危険。まずは揺れがおさまるまで待ちましょう。

火災を広げないために

ガスの元栓を閉める

地震が発生すると、都市ガスは自動的にガスの供給がとまるようなマイコンメーターが設置されていることが多いのですが、過信せず、ガスの元栓はしっかり閉めましょう。

電気のブレーカーを落とす

地震後、一時停電した場合には、電気が復旧した際に通電火災がおこる可能性があるので、必ずブレーカーを落とすようにしましょう。

近所の火災は協力して消しとめる

避難の途中で火災を見つけたら、消火にあたります。消防隊員に任せようと思っても、大きな災害の中では消防車がすぐにくるとはかぎりません。初期消火が大事なので、近所の人と協力して消火します。

火災から逃げるときは

火災で怖いのは火より煙です。煙には有毒ガス、一酸化炭素などが含まれていて、吸いこむと体が動かなくなったり、気管や肺にやけどを負い、呼吸困難になったりします。意識不明になって、死に至ることも。いかに煙を吸いこまないで逃げきるかが、生きのびる決め手です。

1. まだ煙が充満していないようなら、全速力で逃げます。

2. 有色の煙が充満してきたら、低い姿勢になって、這うようにして逃げます。

3. 口や鼻をハンカチや衣類でおさえ、煙を吸いこまないようにします。濡れタオルなどで口と鼻をおおうと、より有効です。

41

なるべく外に出ない！むりに帰宅しない！

東日本大震災後、内閣府が首都圏の5,400人を対象に行ったアンケート調査によると、３月11日の震災発生後、会社や学校にいた人のうち、当日の午後６時までに会社や学校を離れたと答えた人は全体の47％。また、このアンケートの結果などをもとに当時の「帰宅困難者」の数を推計したところ、東京、神奈川、千葉、埼玉、茨城で合わせておよそ515万人にのぼりました。今回無事に帰宅できたからといって、次も帰宅できるとはかぎりません。

巨大地震が大都市を直撃すれば、道路や橋は崩壊し、車道には人があふれるでしょう。身動きひとつできないところに、火災や余震などの２次災害がおこったら、多くのいのちがうばわれてしまいます。将棋倒しや群衆雪崩による災害も見過ごせません。最初の地震で生きのこっても、２次災害でいのちを失ってしまう可能性もあるのです。

巨大地震がおきたら絶対に無理な帰宅はしないことです。帰宅困難者にならないために、地震後は学校や職場からむやみに移動せずに、一定期間とどまるようにしましょう。

地震発生後 町には危険がいっぱい!!

DANGER
物が落ちてくる！
将棋倒し 群衆雪崩!!
1㎡あたり10人を超えるとたくさんの人間が束になってそのまま浮きあがって倒れる「群衆雪崩」が!! 下敷きになると呼吸ができない。
PENGUIN BOOTS
STATION
カラオケ
人が多くて動けない！
EMERGENCY SUPPLIES
緊急車両のさまたげにも!
車道にまで人があふれると、緊急車両が動けないことに。
PUHARA

42

液状化がおこったら

東日本大震災では、東京湾岸の埋めたて地や利根川河岸などを中心に、過去最大級の液状化が発生しました。千葉県だけでも被害は4万2,467世帯におよんだのです。

液状化は、地震の揺れで地盤の砂粒子が地下水と混じり、泥水のようになる現象。海や川の近くのゆるい地盤でおこります。家が傾く、地面に沈むなどの建物被害をはじめ、地盤の陥没や地盤沈下を引きおこすこともあります。

埋めたて地、河川や海岸沿い、河口部にお住まいの方は、ハザードマップでリスクを確認しておきましょう。一度液状化した地盤は、次の地震で再び液状化する確率が高いので注意が必要です。

道路が泥水で一面覆われているときに、外に出るのは危険です。道路の亀裂、陥没、隆起に気づかずに負傷する恐れがあるからです。

液状化が発生したら、自宅にとどまり、できるだけ上の階へ避難してください。

液状化によるライフラインへの被害も深刻です。茨城県では、東日本大震災で浄水場が被害を受け、約2万8,000世帯が最長1カ月断水しました。また、1995年の阪神・淡路大震災では、ライフラインと交通網が寸断され、神戸ポートアイランドと六甲アイランドが長期間孤立化しました。液状化が発生すると、支援も届きにくくなるので、長期間自宅にとどまれる準備をしておくことも大切です。

液状化でこんなことがおきる

アスファルトに亀裂が入る

家や建物が傾く

マンホールが隆起

道路が陥没し、ゆがむ

地盤沈下がおこる

道路が寸断する

商店などが長期休業する

ライフラインが寸断する

43

火山が噴火したら

東日本大震災の発生以降、岩手山（岩手県）や秋田焼山（秋田県）、富士山（山梨、静岡両県）、箱根山（神奈川、静岡両県）、焼岳（岐阜、長野両県）、阿蘇山（熊本県）など、北海道から九州にかけての20の火山で、地震による火山活動が活発化。地震発生直後に異常な状態になりましたが、噴火に結びつくものではありませんでした。

火山と地震との関係は古くから指摘されており、たとえば、富士山の噴火は、1707年の「宝永地震」、1854年の「安政地震」と結びついて発生しています。宝永の噴火で飛びちった火山灰は、東京でも見つかっています。富士山が噴火したら、東京や神奈川にまで被害がおよぶ可能性は十分にあるのです。

日本には、活動度が高いとされている活火山が49もあります。まずは、自分が住む地域の火山を知ることからはじめましょう。火山のハザードマップには、火山の位置だけでなく、噴火した場合の溶岩流、火砕流、火山灰などの到達推定範囲も掲載されています。

2000年６月に発生した三宅島の大噴火は２カ月も続き、島中が火山ガスで覆われました。島民3,800人は本州に全島避難となり、避難生活は４年半にもおよびました。帰島は2005年からはじまりましたが、いまだに火山ガスが放出されている区域もあり、条例でガスマスクの携行が義務付けられています。火山は、ひとたび噴火すると収束までに時間がかかります。避難生活も長期化する可能性もあります。

火山噴火に備えて

ハザードマップで住む地域の被害予測を確認

ハザードマップには、溶岩流、火山灰、噴石などが到達する影響範囲が予想されています。また、過去の噴火で実際に溶岩が流れでた範囲がしめされている火山実績図（災害危険度マップ）も確認して、噴火時の避難先や行動を決めておきましょう。
ハザードマップはもよりの自治体の窓口や自治体のウェブサイトなどで手に入れることができます。（⇨ P.38）

火山噴火がおこったら

避難勧告、避難指示に従う

噴火のおそれがある、または噴火した場合は、気象庁から発表される火山情報に注目します。行政からの避難勧告や避難指示などが出たら、すぐに避難できるように準備しておきましょう。

極力車には乗らない

車で走ると、灰を巻きあげて視界が悪くなったり、スリップしやすくなります。また、雨が降っているとワイパーが使えず危険です。高速道路は、通行不能となる可能性があります。

灰をかぶらないように注意

外に出るときには、マスクやゴーグルをつけて灰を吸わないようにして、ヘルメットもかぶりましょう。窓を閉めて建物を密閉するのも忘れずに。

火山が噴火したら、こんな事態に

溶岩流が流れだす

地上に出てきたマグマを溶岩といい、この溶岩が火口から流れでてくるのが溶岩流です。溶岩は高温（およそ1,000℃）で流れだすと、木々や家屋などを破壊し、燃やしてしまいます。溶岩は冷えて固まると岩になるため、田畑や道路も使えなくなってしまいます。

火砕流が流れだす

火口から出て間もない、数百℃の溶岩や高温の火災ガス、火山灰などがまざって、時速100㎞を超えるスピードで流れてきます。高温とガスのため、巻きこまれた人は即死してしまいます。

火山灰が降る

火山灰が田畑に降りつもると、作物が枯れてしまいます。大量に積もると、家が押しつぶされます。灰が積もったところに雨が降ると、土石流が発生するおそれもあります。

火山ガスが発生する

有毒な硫化水素や二酸化硫黄のガスで、吸いこむと死亡する危険性があります。伊豆諸島三宅島の噴火は、2000年から続いていますが、噴火がおさまった今も、ガスのために避難を強いられているケースがあります。

噴石が落ちてくる

大きな石は火口から2㎞以内に落ちますが、小さいものは遠くまで飛ぶことがあるので、家屋の屋根や窓を壊してしまうことも。小さくてもあたると、いのちにかかわります。

火災泥流が発生する

噴火のときに出てきた火山灰や石などが、地下水や川にまじって、谷を流れてきます。高温になることが多く、熱泥流ともいいます。

火山性津波が発生する

噴火の際に崩れた土や、火砕流が海に大量に落ちて、火山性津波がおこることもあります。

44

土砂災害は横に逃げる

国土交通省によると、東日本大震災とその余震で、崖崩れ、地滑り、土砂流などの土砂災害は122件発生、19名がその犠牲となりました。また、震災以降に斜面が崩れる、亀裂が入るなどした場所は、東日本で1,050カ所以上も見つかっています。

地震がおこると、地盤が弱くなります。揺れの直後に雨が降ったら、土砂災害を意識しましょう。特に山間地域では、日ごろからハザードマップなどで危険箇所や区域を確認し、避難場所や避難経路を考えておく必要があります。

震災直後は気象台や自治体の情報を注意し、危険を感じたら早めに避難行動を開始しましょう。

ただし、土砂は上から下へ流れおちるため、上方向にも下方向にも逃げてはいけません。巻きこまれるおそれがあります。土砂災害から身を守るには、「横に逃げる」のが鉄則です。

土砂災害の危険性が高い地域に自宅がある場合は、自治体の審査が通れば、「地すべり等関連住宅融資」により、引っ越し費用、あるいは移転費用の融資を受けることができます。

こんな兆候があったら注意

激しい地鳴りや山鳴りがつづく

雨が降りつづいても川の水位が下がる

上から小石がパラパラと落ちつづける

崖の斜面にいくつも裂け目ができる

崖の斜面などから水が出はじめる

地面にひび割れや凸凹ができる

地下水や湧き水がとまって出なくなる

井戸水や沢の水がだんだんにごる

45

津波がきたら「てんでんこ」

東日本大震災の震源は、宮城県の牡鹿半島沖約130㎞。気象庁は地震発生とほぼ同時に、半島周辺で小規模な津波の第1波を観測しています。大津波警報が発表される3分前のことです。最大波が東北の沿岸部を襲ったのは、それから30分後。東日本大震災では、第2波、第3波によって被害が拡大しました。

津波の速さは、水深5,000mで時速約800㎞。ほぼジェット機の速さで陸に向かってきます。水深が浅くなるほど遅くなりますが、それでも水深100mで時速約110㎞、水深10mで時速約36㎞に達します。

東京大学の調査によると、宮城県女川町の3階建てビルに津波が到達してから、高さ15mに達するまで、わずか4分でした。津波を見てから動きだしたのでは、とうてい間にあいません。海岸や沿岸部で地震がおこったら、一刻も早く、より高いところへ、より高層階へ逃げてください。

さらに、世界最大の気象情報会社、㈱ウェザーニューズが津波の被害者に行ったアンケートによると、亡くなった方の60％が、安全な場所に避難したあと、再び危険な場所に移動していたこともわかりました。理由の多くは「家族を探すため」。

古来から津波に苦しめられてきた三陸地方には「津波てんでんこ」といういい伝えがあります。「津波がきたら、家族も構わずてんでんばらばらに高台へ逃げろ」という教えです。自分のいのちは自分で守る——それが家族のためでもあるのです。

津波から生きのこるために

一刻も早く避難を開始

人の指示を待つことなく、一刻も早く走って逃げます。あれこれ準備している時間はありません。いろいろな物を持ちだしたい気持ちはわかりますが、最小限の貴重品だけ持って避難を。一刻を争う事態であることを忘れずに。

少しでも高いところへ避難

避難する場所は、逃げられる限り１ｍでも高い場所へ。あらかじめ、沿岸部の津波避難ビルや津波シェルターに指定されているビルを確認しておき、5階以上に避難しましょう。

大丈夫という思いこみは捨てる

海沿いの町では過去の津波の到達点、浸水予想地域などが表示され、いろいろな形で注意が喚起されています。「こんなところまでくるわけがない、きたことがない」「あの堤防があるから大丈夫」という思いこみは捨てましょう。

川にも津波がくる

宮城県石巻市では、海岸から約12㎞内陸まで川が逆流し、津波が到達しました。また高い堤防で川が逆流しているのが見えず、避難の経路を誤ってしまった悲劇もおこりました。海岸線でなくても、水の近くでは注意が必要です。

避難に車は使わない

東日本大震災では、車で高台に避難しようとした人々が道路に殺到しました。道路は大渋滞となって、そこに津波が襲ってきて、車ごと津波に飲みこまれ、多くの犠牲者を出しました。避難には、極力、車は使わないようにしましょう。

いったん避難したら戻らない

東日本大震災の津波では、第1波が引いたあと、家族をさがしにいったり、自宅の様子を見にいったりして、多くの人が第2波の犠牲になりました。津波は、くり返し押しよせます。一度波がひいたからといって、勝手な判断はせず、津波警報が完全に解除されるまでは、安全な場所にとどまりましょう。

Chapter

6

地震のあとの暮らしについて

避難所生活で心がけたいこと、ペットの問題、周囲とのトラブル回避、子どもたちの心のケア……地震後の暮らしのストレスを少しでも軽くする方法を知っておきましょう。

46

避難所で過ごすことになったら

被害が小さく、自宅での滞留生活が可能でも、火災やガス爆発、津波、液状化など二次災害のおそれがある場合は、いったん避難所へ避難してください。特に発災後24時間は、何がおこるかわかりません。２次災害が発生するおそれのある地域では、自宅にとどまっていても自治体の動きや災害情報は入りませんから、自主的に避難するようにしましょう。注意したいのが持ち物です。発災当初の避難所はかなり混雑していますから、非常持ちだし袋など大きな荷物を持ちこむのは迷惑。荷物をおくスペースがあるなら、子どもやお年寄りをひとりでも多く座らせたいといった現場の状況も考慮して、防災ベスト、ヘルメット、革手袋を着用する程度にとどめましょう。

家族全員が揃っていなければ……

行き先を書いたメモを残して避難

家族の居場所を知らせる貼り紙があると次の行動がとりやすくなります。でも、メモを玄関ドアに貼るのはNG。誰もいないことがわかってしまうと侵入の危険が高まります。犬小屋の中やポストの中など、あらかじめ家族で決めておいた、第三者からは見えないところがベスト。玄関の扉には「この家の住人は無事です」と安否情報を貼ります。

避難する前にやっておきたいこと

ガス、水道の元栓を閉める

何かの拍子でスイッチやハンドルがＯＮになっても、元栓を閉めておけば大丈夫。

ブレーカーをおろす

長い停電のあと、電気が復旧すると家中の電源が一気に稼働し、ショートすることも。

プラグをコンセントから外す

電気が復旧した際のショートを防ぎます。ふだんから抜く習慣をつけたいものです。

冷蔵庫内の整理

電源が落ちるので腐りやすいものは処分。氷も溶けると水漏れになるので捨てます。

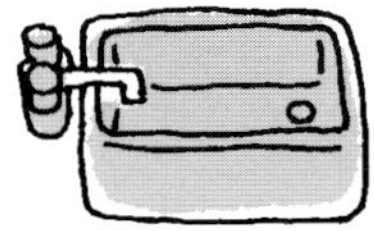

お風呂の水を抜いておく

水は細菌やカビの温床になるので、排水しておくとにおいなども軽減されます。

割れた窓をふさぐ

窓が割れてしまったら、ビニール袋とガムテープで穴をふさぎます。家具でふさいでも。

カーテンを閉める

カーテンやブラインドはしっかり閉めて、室内が見えないようにします。

鍵をかける

最後にきちんと施錠します。防犯の意味でも家全体の戸締まりを、しっかり確認。

47

ペットと避難

「ペット総研」が行った「ペットのための防災」に関するアンケート調査によると、災害時を想定して何も対策を講じていないという飼い主は44％にものぼりました。ペットは家族の一員ですから、「地震がおこったときにペットをどうするのか」については、家族みんなでぜひ、考えておいてほしいと思います。特にイヌやネコは音に敏感。家具をしっかり固定しておけば、家具が倒れてきたときの大きな音でパニックになることがありません。

また、逃げ道を確保するために扉を開けると、ペットが外に飛びだしてしまうことも。特にネコはパニックになったときにいろいろなところに飛びのったりする習性があるので、物が崩れたりしないようにします。

地震後は、ペットフードも品薄になるので、できれば1カ月分を備蓄しておくといいと思います。自治体の防災計画には、避難時のペットについての対策が書かれていますので、事前にウェブサイトをチェックしておきましょう。

避難所をまわっていると、「ペットがいてくれたおかげで、癒やされた」という話も聞きます。でもその一方、鳴き声やにおい、し尿の処理をめぐる摩擦も絶えません。何の準備もしないでペットを避難所に連れていくことはできません。

ふだんから避難所生活を想定して、「しつけ」の徹底、身元表示をしておきましょう。水や食料、引き綱やケージなどの防災グッズを常備しておくことも大切です。

また、ペットを飼っている親戚や友人で、被害がなかったほうがペットを預かるというように、お互いに助け合う約束をしておくといいでしょう。

東日本大震災では、すみかを失い、飼い主とはぐれたペット、飼い主が放置したペットが大きな問題になりました。被災した動物の多くはショックで神経が過敏になっていて、保健所の職員が興奮したイヌに手をかまれるといったケースも多く見られました。

災害時のペットとの生き方まで真剣に考えた上で、ペットを飼ってほしいと、私は切に思います。

避難所にペットを連れていく場合には

鑑札・注射済票・身元表示をつけておく

住まいのある市町村で登録すると「鑑札」が、予防接種後には「注射済票」が交付されます。

日ごろからしつけをしておく

吠えないでいられるように、ケージに入っていられるようにしつけをしておきましょう。

非常時用備品を用意しておく

エサ、水と容器、引き綱（リード）、携帯用ペットケージ、フンなどの汚物処理用具、常備薬、各種予防接種の記録などは、しっかり準備しておきましょう。

ネコは洗濯ネットに入れても

興奮したネコをキャリーバッグにむりやり押しこもうとすると、パニックをおこして、逃げてしまうことも。そんなときには、洗濯ネットにネコを入れてから、キャリーバッグに入れる方法も有効です。

48

避難所での犯罪を防ぐために

東日本大震災後、数百人が暮らす避難所で生活していた男性のもとに、親戚から新品のタオルケットが3箱送られてきたそうです。ところが、気がつくと1箱しかありません。その男性は私にいいました。

「間違いなく、この避難所の誰かか、支援物資を受けとりにきている住民なんだ」

避難所には、もちろんセーフティボックスなどありませんから、貴重品は各自管理しなくてはなりません。ウエストポーチに入れて肌身離さず身につけていたのに、朝、目が覚めたらウエストポーチごとなくなっていたという話もよく聞かれます。ストーブや車から燃料を抜きとられたり、避難している間に留守宅が荒らされたりで、被災者は二重三重の苦しみを味わっていたのです。

親戚のふりをして子どもや女性を連れさる事件や性的被害も多発しました。これだけ犯罪が多いと、自治会や運営委員が動きだすのは自然の流れです。パーテーションで仕切る、暗い場所をつくらないように要所要所にあかりをつける、交代で避難所内をパトロールするなど、方法はいろいろあります。みんなで知恵をしぼって対策を講じ、避難所で過ごす間の、犯罪やトラブルが少しでも減るように、努力してほしいと思います。

こんなことには気をつけて！

ひとりで行動しない

トイレは誰かと一緒に

人のいないところに行かない

夜間は行動はしない

夜間はライトをつけて

防犯ブザーを携帯

貴重品は肌身離さず

現金は持たない

お金の話はしない

ボランティアは身元を確認

49

水がなくても衛生的に過ごすには

国土交通省によれば、東日本大震災では、約230万戸の住宅で水道が断水しました。水道がストップすると、歯磨きやうがいが十分にできません。そのため口内環境が悪化し、虫歯が増える、インフルエンザに感染するなどの問題がおこってきます。

もっとも深刻なのは、口の中で繁殖した雑菌が気管に入ることでおきる「誤嚥性肺炎」です。阪神・淡路大震災では、震災関連死922人のうち、223人が肺炎で亡くなっていますが、多くは誤嚥性肺炎と見られています。

もうひとつ気をつけたいのが、マンションでの下水です。地震のあと、仙台市のあるマンションの1階のトイレから大きな物音がしました。不思議に思った住人の方がドアを開けると、なんと80数世帯分の汚物が吹きあげてきたといいます。排水設備が破裂したのか、下水が詰まったのか、それを知らない階上の住人の方が、お風呂の残り水などでトイレの汚物を流したのです。

バスタブにお湯をためておき、その水をトイレを流すときに使おうと思っている方も多いかもしれませんが、マンションの場合、災害がおこったら、1滴も水を流してはいけません。被害がないように見えても、配管に損傷がある場合があります。

建物全体の配管が無事であることを確認するまでは、1滴の水も流すべきではない、と認識してください。

また、水処理と同時に、ゴミ処理が大きな問題になってきます。災害時になると回収車はやってきません。したがってゴミはたまっていく一方。断水すると水も流せませんから、1人ひとりの排泄物までゴミになっていきます。その結果、あちこちにたくさんの生ゴミ、汚物ゴミがたまっていき、それらの悪臭があたりに漂っていきます。このにおいでノイローゼになる方もいらっしゃるといいます。

災害時には、ゴミのにおいは完璧にシャットアウトする工夫が必要です。停電により冷房が使えず、窓を開けざるを得ない夏場はさらに過酷です。

歯をきれいに

ウエットティッシュで拭きとる

歯が磨けないときには、ウエットティッシュなどを指に巻いて、汚れを落とします。表面がでこぼこのメッシュ構造なので、きれいになります。

コットンブラシで歯を磨く

ブラシとブラシの間にあるコットンが唾液を吸収して、汚れを吸着。水も歯磨き粉も、うがいも必要ないので、どこでも簡単に歯を磨くことができます。

ガムをかむ

キシリトール100％配合ガムを食事のあとにかむと虫歯予防に。ガムは、一度にたくさんかむより、1日何回かにわけてかむほうが効果的です。非常持ちだし袋にも入れておきましょう。

塩水でうがいをする

塩には殺菌作用があるので、少しの水に塩を入れてうがいをすると、虫歯予防、風邪予防に効果があります。濃い塩水でうがいをすると、のどの奥が乾燥してしまうことがあるので注意。

歯ブラシだけで磨く

歯磨き粉をつけずに、歯ブラシだけで磨いても十分効果はあります。少し長めに磨いた後に、少量の水で口をすすいでおきましょう。

ポリマー樹脂のブラシで磨く

あめ玉くらいのポリマー樹脂を口の中に入れ、ブラシがわりに舌でコロコロと転がします。水や歯磨き粉がなくても歯を磨くことができます。

除菌する

除菌スプレーで衛生をたもつ

被災地では十分に手を洗うことができないので、トイレのあとなど、除菌スプレーで衛生を保つことが大切です。ぜひ市販の除菌スプレーを用意しておくといいと思います。消臭効果のあるものもあるので、ゴミやトイレ、ペットなどのにおい対策に便利です。

自分でつくる除菌スプレー

布巾につけて食器を拭いたり、スプレー容器に入れたりして使うと、雑菌の繁殖をおさえることができます。

1. ペットボトルに水２ℓと食酢（醸造酢）50cc を入れる。

2. 食塩を少し加える。

髪の毛をさっぱり

水のいらないシャンプー

髪の毛を洗うことができないときは、水のいらないシャンプーがおすすめです。宇宙飛行士たちは水のいらないシャンプーを使って、髪や頭皮のにおいや汚れを取っています。いくつものメーカーから発売されていて、ネットショップでも購入可能です。 ￥400 ～

ゴミのにおいを シャットアウトするワザ

災害時に回収車がこなくなると、「ゴミのにおい」をどう解決するかは、大きな問題です。

密閉袋に入れる

新聞紙に包む

消臭スプレーを吹きかける

重曹を振りかける

酸素系漂白剤を数滴たらす

ダスト袋に入れる

50

傷ついた子どもの心を受けとめてあげる

津波に襲われた被災地の園児たちの間で、一時「津波ごっこ」や「地震ごっこ」が流行しました。「津波がきた！」「地震がきた！」の合図で机や椅子にのぼったり、机の下に隠れたりする遊びをしていたという報告もありました。
「不謹慎」「不気味」と感じる方もいらっしゃるかもしれませんが、ごっこ遊びを通して、子どもたちは不安や怖さを表現し、克服しようとしているように思います。
震災で心に深い傷を負うのは、大人も子どもも同じです。でも、子どもは自分の気持ちをうまく表現したり、発散したりできないので、このもやもやを、親から離れない、先生にしがみつくなど、退行的な形で表現したりします。それは不安や恐怖を理解してほしいというサイン。
もし、子どもが何もいえずにいたり、誰かを見ていたりしたら、意識的に声をかけてあげましょう。
東日本大震災では、テレビ画面で被害の悲惨さを目にした全国の子どもたちも、心のケアを必要としました。目の前の災害がどうしておこったか、なぜお母さんがうろたえているのかがわからないと、子どもは怖がるのです。子どものわかる範囲で説明してあげましょう。その上で「ちゃんと準備しておこうね」「もう大丈夫だよ」と安心材料を示してあげるといいと思います。

子どものSOSサイン　こんな症状があったら注意！

おねしょをする

ちょっとしたことで泣く

オドオドする

助けを嫌がる

イライラする

指しゃぶり

うなされる

まとわりつく

眠れない

うまく話せない

3.11 わたしの体験 4

昔の井戸が活躍しました

一番困ったのは水でした。近所の学校の側に浄水場があり、そこで生活用水の配給があったのですが、水をもらうためには、寒い中、４時間も並ばねばなりませんでした。並びながら、貧血で倒れてしまう人もいる程、ひどい状況でした。並んだところで、１回に運べる水の量など、たかがしれているのですから、それはそれは大変でした。

親戚に井戸を持っている人がいたのですが、電動タイプの井戸だったので、停電でつかえませんでした。でも、近所に手で汲みあげる井戸をお持ちの人がいたので、お米や缶詰などを差しいれして、かわりに、水を汲ませていただきました。

また水道屋さんが自宅に災害用マンホールを持っていて、そこに水が貯めてあったので、バケツで汲みあげて使わせていただきました。

手動の井戸という昔ながらの方法が、意外にも一番役に立ちました。

（宮城県石巻市　46歳　主婦）

水道の復旧まで約20日

震災後、電気の復旧は3日、水道の復旧はかなり遅くて20日かかりました。しばらくお風呂に入れないのは当然のこと、困ったのはトイレなどの衛生関係です。トイレは水が流れないと、どうしようもない。幸い近所の神社に池があり、生活用水はそこから確保できましたが、運ぶのはひと苦労でした。マンションの給湯器が壊れ、お湯は約３カ月間使えませんでした。寒い時期なので、これはこたえました。

食料に関しても、ふだんからの備蓄が大切だと思いました。3月11日の震災後、スーパーが食料品を販売しだしたのが20日過ぎ。１人10品までという制限付きで、8時間並んでようやく食べ物を手に入れたという同僚もいましたね。　（宮城県仙台市　40歳　会社員）

ボランティアに元気をもらって

私のまわりでも、身内をなくされた方、仕事や家を失った方がとても多く、町まだまだ復興には程遠い状況です。途方に暮れ、ともすれば地元の私たちは、さじを投げてしまいそうでした。そんな中、たくさんのボランティアのみなさんが遠方からきてくださって、黙々とヘドロをかきだす姿を見て、「やっぱり頑張ろう」という思いになりました。少しでも前へ進まなければ、という気持ちにさせてもらい、本当に感謝しています。忘れられ、取りのこされたような気持ちにさいなまれたときもありましたが、そうではなく、心にかけてくれる人がいる、と感じることができ、それが励みになっています。

(宮城県釜石市　35歳　教員)

アメリカの友人がチケットをとってくれました

東日本大震災は、震度7を記録した宮城県栗原市の自宅で体験しました。激しい横揺れが長くつづき、家は大きく横に揺れました。無我夢中で外に逃げると、どーんどーんという山鳴りもしていました。私は東京で生まれそだちましたが、アメリカ人の夫との間に子どもも生まれ、田舎で暮らそうと、栗原市に移住して、半年たったばかりでした。地震の数日後、ニュースを聞いたアメリカ人の友人が、とぎれとぎれの電波の中で電話をくれて、「チケットをとるから、すぐにアメリカにくるように」といってくれました。幸いにも車にはガソリンが残っていたので、自宅から車で花巻空港へ、そして関西空港を経由して、アメリカへ飛びたちました。当時は、電気も水道もとまり、情報も入らない状態だったので、私たちでチケットを手配することなどとてもできませんでした。本当にありがたいことと感謝しています。

(宮城県栗原市　35歳　自営業)

私の不安を子どもはじっと見ていました

私はもともと勝気な性格で、泣くことはほとんどありませんでした。でも、震災以降、子どもの前でも、私は涙を流すことが多くなりました。特に地震直後は、安否確認のラジオ放送を聞いて、友だちや親戚の名前がないことがわかると、車を運転中でも、あふれる涙をとめることができませんでした。そんな様子を10歳の息子はだまって見ていたのですが、あるとき、学校でめまいをおこして倒れたそうです。その話を息子は私にはしませんでした。不安定な私の様子に、どうしたらよいかわからなくて、ずっと心に抱えていたのでしょう。それが爆発したんだと思います。震災はいろんな形で私たちみんなの心に深いキズを残したのですね。

（岩手県北上市　38歳　会社員）

津波ごっこで遊ぶ子ども

地震後、子どもは津波遊びをするようになりました。積み木をつみあげて、「津波がきます」「逃げてください」「もっと高台にいってください。そこにいると危険です」などといいながら、積み木をくずして遊ぶのです。ウ～ンウ～～ンとサイレンや津波警報のまねもしています。臨床心理士さんのお話によると、体験した恐怖を外に出しているんだといっていました。おねしょをしたり、性器をいじるようになったりなど、不安から、赤ちゃん返りをする子どもも増えたように思います。

（岩手県遠野市　29歳　保育士）

娘はだんだんと地震のことを消化していきました

震災当時２歳だった娘は、地震後２日くらいは、泣きもせず、ぐずりもせず人形のように固まっていました。受けいれがたい恐怖をどうにもできなかったんだと思います。その後、だんだんと元気を取りもどしていましたが、１カ月たったころ、大人たちの会話の中に「地震」という言葉を聞くと、顔面蒼白になっていました。２カ月たった５月、倒れた木の根っこを見て私が、「ここにも地震がきたのかな？」といったときも、娘は体をこわばらせ、そこから一歩も動きませんでした。そして７月、再度地震の話をすると、「ここには地震はこないってパパがいったもん」と怒りだしました。そんな娘の様子を見て、恐怖を怒りにかえはじめたんだなと感じました。10月、娘は「地震」という言葉を聞いても受けながせるようになっていました。半年以上の時間をかけて、娘も地震の恐怖をようやく消化できたのかなと思っています。　（宮城県気仙沼市　36歳　主婦）

あの瞬間の恐怖がよみがえりパニックに

地震後３週間ぐらいは、自分でも信じられないくらいテンションがあがって、あれもしなくちゃ、あそこにも連絡しなくちゃと、忙しく動いていました。眠れないのに、とても元気でした。でも、避難生活が長くなってくると、ちょっとした笑い声や話し声にイライラすることも。気持ちが沈み、「これからどうなってしまうんだろう」という不安が重くのしかかり、眠ろうとすると、地震の瞬間の恐怖がよみがえってきて、パニック状態になりました。そんな私の不安を感じとったのか、４歳の娘は表情がなくなり、ずっと顔がこわばったまま。泣いたり、わめいたり、甘えたり……抱えてしまった不安とたたかっているように見えました。震災からもうすぐ１年。生活もだんだん落ちついてきました。あせらず新しい暮らしを見つけていこうと思います。　（宮城県栗原市　35歳　公務員）

「一緒にいよう」そういっていれば……

保育園ではお昼寝中だったので、パジャマ姿の子どもたちを、保育士全員が必死で抱きかかえて高台へと走っていきました。家族が迎えにくることができた子どもは引きわたしましたが、そうして、津波の犠牲になってしまった親子もいました。そのとき、「一緒にここにいようっていっていれば……」と、ずっと心の中でさいなまれてきました。同時に「お友だちが亡くなったことを、子どもたちにどうやって伝えよう……」と悩んでいました。保育園が再会してから、「○○ちゃんは、天使になってお空に行ったんだよ。だからもう寒くもないし、痛くもないんだよ」と伝えました。涙でいっぱいの顔をあげて、子どもたちはじっと話を聞いてくれました。震災後、「子どもを守るために何ができるのか」を考えつづけています。

（岩手県　45歳　保育士）

子育て中の親への心のサポートがあれば

私は石巻市で、夫と２歳の娘と３人で被災しました。被災直後は、自分でも思ってもみなかったくらいの力が出たのですが、１カ月を過ぎたころから、疲れもたまり、寒さや不安で、娘にやさしくできなかった時期がありました。

今は、避難所でボランティアとして加わり、たくさんの子どもたちにふれています。震災後、もうすぐ１年になりますが、まわりにはいまだにうなされる子ども、すぐに泣いてパニックになってしまう子どもがたくさんいます。親も頭ではわかっていても、もう、いっぱいいっぱいで、子どもを守れなくなっていると思います。

食料や衣料品などの支援物資はたくさん届けていただいていますが、厳しい状態の中で子育てをしている親たちへのカウンセリングなど、心のサポートをしてもらえるような支援が、さらに充実していくとありがたいなと思います。

（宮城県石巻市　41歳　主婦）

おわりに
編集をおえて

日本は世界で一番地震の多い国。地震と向き合うことは、この国に生まれた私たちの宿命なのかもしれません。

本書は、2005年に刊行した『地震から子どもを守る50の方法』を大幅に見直し、東日本大震災を受けて、新たな情報を書きくわえた、決定版親子のための防災サバイバルマニュアルです。

著者・国崎信江は危機管理アドバイザーとして全国を奔走する一方、家庭では3児の母として文字通り「子どもを守る」ために、暮らしの中の防災に努めています。プロの目と母親の目、両方の視点を兼ねそなえた知恵と取りくみは、私たちにとっても、参考になることばかりでした。

「防災に完璧と終わりはない」と語る著者は、今までの経験と情報に基づき、2009年、「災害に強い家」を完成させ、今なお鉄壁の防災を目指して進化しつづけています。読者の方には項目によって、「ここまではとてもできない」「予算的にむり」と思われる方もあるかもしれません。しかし、まずはできるところからはじめ、それぞれのご家庭ならではの防災対策を見つけていただきたいと思います。

本書では東日本大震災を体験された方々に、貴重なお話を聞かせていただきました。体験を語るにはつらい部分も多かったと思いますし、お話ししにくいこともたくさんあったと思います。ご協力くださった方々に、心から感謝いたします。

東日本大震災は、私たちに多くの苦しみと悲しみをもたらしましたが、日本人に「大事なこと」を教えてくれたとも思います。家族との関係を見直した人、子どもとの時間を大切にするようになった人、自分らしい生き方を考えた人もたくさんいました。

今からでも遅くはありません。かけがえのない家族との生活を、どうか、皆さんの手で守ってください。この本が親子で震災を乗りきるための一助となりますことを、心より願っています。

最後になりましたが、東日本大震災でいのちをなくされた多くの方々、ご家族の方々に追悼の意を捧げたいと思います。

地震から子どもを守る会

金澤孝江

国崎信江が使っているおすすめ防災グッズ

ピオマ ここだよライト　　¥3,990

防災ライト。震度4相当以上の揺れがきたり、停電したりすると、ライトが自動点灯します。充電式なので、携帯灯として約6時間使用することもできます。

生方製作所　TEL 0120-279-170

投げ消すサット119 エコ　　¥5,980～

投げて消せる消火器。500㎖と小さくて軽い上、消火効果は水の約10倍。ただ投げるだけで簡単に扱えます。「日本消防検定協会の性能鑑定」に合格しています。

ボネックス　TEL 03-5213-9119

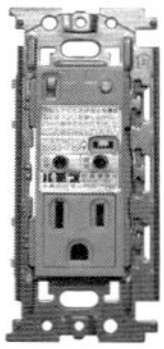

ルモマコンセント　　¥49,800～

アース線のついたコンセントに、ひとつつないでおくだけで、震度6前後の揺れに反応して、家中の電気を遮断してくれます。1家に1個つければOKです。

ルモマ中部　TEL 052-583-6371

ジーツータムアルファプラス ハイパワー抗菌消臭剤　　¥1,300

抗菌消臭剤。大豆アミノ酸が主成分なので、人にも環境にも安全。だれでも手軽に使えます。その上、除菌、抗菌効果も強力です。

ピースアンドキューズ　TEL 052-350-4423

キッズメット　　¥3,990

子ども用防災ヘルメット。頭周47～56㎝まで3㎜ピッチでサイズを調整できる防災ヘルメットです。ホイッスルや緊急カードがついています。2～15歳くらいまで使用可能。

谷沢製作所　TEL 03-3552-5581

防災クマさん　　¥9,800

ぬいぐるみ型防災バッグ。日本テディベア協会の認定を得た「防災クマさん」は、背中に防災グッズを収納したぬいぐるみ。ショルダー紐を利用して持ちはこぶことができます。

リプロモ　TEL 03-4590-9803

価格は、2012年2月現在の税込み参考価格です。価格は店舗やウェブサイトにより異なる場合がありますので購入の際にご確認ください。

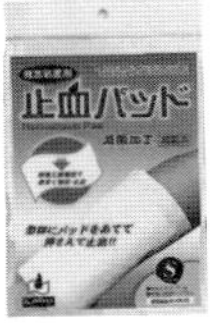

止血パッドA・T　Mサイズ¥850

救急処置用止血パッド。不織布面をキズにあてて固定するだけで、すぐに止血できます。滅菌済みなので、衛生的。裏面に防水加工がしてあるので、2次感染をおさえられます。

ラボプランニング　TEL03-5940-6090

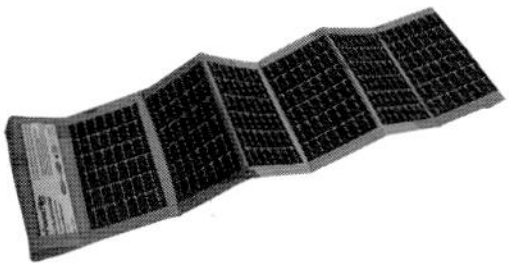

AAソーラーチャージャー　¥10,500

ソーラーバッテリーチャージャー。太陽光に6～7時間あてるだけで、単三型充電池4本をフル充電可能です。耐久性に優れ、コンパクトに収納可能。

クライシスインテリジェンス　TEL03-5926-4783

スーパータックフィット　¥2,800～

転倒防止固定具。壁につく粘着材を使用しているので、ネジやクギを使わずに家具と壁を固定することができます。いろいろなサイズがあるので小型から大型まで対応可能です。

北川工業　TEL03-3222-8432

タックフィット連結シート　¥1,100～

転倒防止補助シート。強力粘着シートで上下にわかれたタンスやキャビネットを簡単にがっちり連結することができます。ビスで金具をとめる手間もありません。

北川工業　TEL03-3222-8432

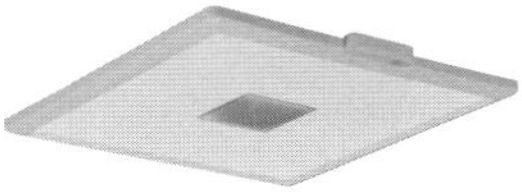

バッテリー補助LED付き LEDシーリングライト　¥79,590

停電時に自動点灯するシーリングライト。充電タイプのバッテリーを内蔵。明るさや光の色は304パターンから選べます。

東芝ライテック　TEL0120-66-1048

テーブル型シェルター　¥186,900

特殊な天板の使用により、30 tの圧力に耐えることができるテーブル。地震の大きな揺れからいのちを守ることができるテーブル型シェルターです。

エヌ・アイ・ピー　TEL03-3823-6220

ストームクッカーL・ウルトラライト　¥9,240

コンパクト調理器具。アルコールバーナー、スタンドベース、ゴトクを兼ねた風防、ソースパン、フライパン、アルミハンドルが収納されています。持ちはこびに便利。

イワタニ・プリムス　TEL 03-3555-5605

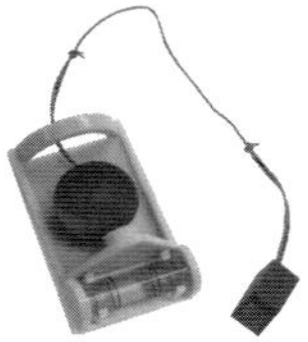

スイッチ断ボール　¥2,079

自動ブレーカー遮断装置。地震の揺れで重りが落ち、その重みで自動的にブレーカーが落ち、停電復旧後の通電火災を防ぐことができます。

エヌ・アイ・ピー　TEL 03-3823-6220

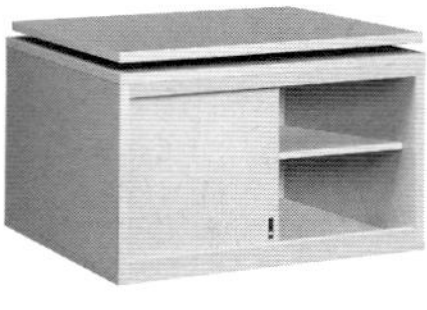

収納らくだ　(高さ×2＋横＋奥行)×¥150

転倒防止家具。家具と天井のすき間にあわせてオーダーメードが可能です。観音開きタイプ、引きちがいタイプがあります。色もホワイト、グレーなど6色から選べます。

エヌ・アイ・ピー　TEL 03-3823-6220

窓用心　¥2,980

ガラス窓強化シート。ガラス窓の四隅と中央の5点にシートを貼るだけで、ガラスの柔軟性を保ち、ガラスが割れにくくなります。地震の揺れにも、強風にも耐えます。

エヌ・アイ・ピー　TEL 03-3823-6220

光る手すり（階段ストレートタイプ約4mの場合）

¥150,000くらい〜

暗くなると光る手すり。高輝度LEDなので電気代は安くて、長寿命。停電や非常時には内臓バッテリーで自動点灯します。

オーデリック　TEL 03-3332-1123

つかまりん棒　¥14,490

テーブルにつける5本目の脚。つかまりん棒をつけるだけで、テーブルがシェルターに早変わり。4t以上の圧力に耐え、揺れてもテーブルの外に飛びだしません。

エヌ・アイ・ピー　TEL 03-3823-6220

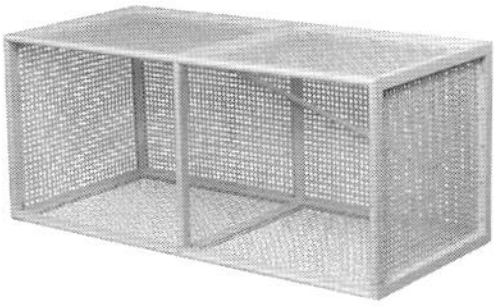

押入れ型シェルター　¥27,300

押入れに入れる地震シェルター。30ｔの加重に耐え、大人ふたりが入ることができます。大きな地震が発生したときに家具の転倒や家屋の倒壊から身を守ります。

エヌ・アイ・ピー　TEL03-3823-6220

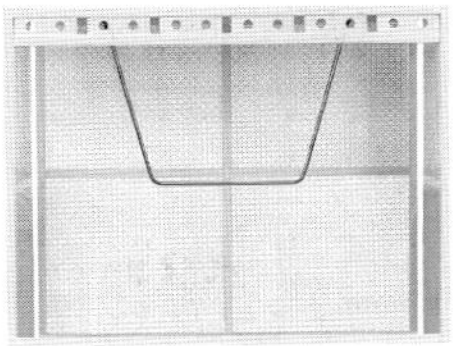

ベッド型シェルター　¥430,000

特殊なスチールパイプなどを取りつけるだけで、ベッドそのものを10ｔの圧力にも耐えるシェルターにかえることができます。家族の避難場所にもなります。

エヌ・アイ・ピー　TEL03-3823-6220

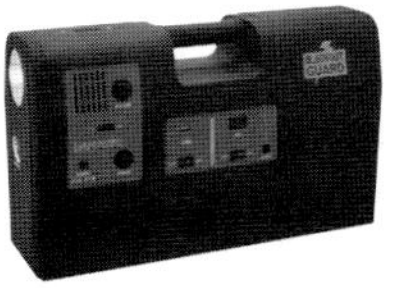

停電の見張り番　¥104,790～

非常時に使える600W蓄電源。家庭用コンセントから充電可能です。冷蔵庫、テレビ、ノートパソコンなどの使用が可能です。LEDライト、ラジオ、USB出力ポート付き。

センチュリー　TEL03-5818-7065

トイレダスト回収バッグ　2枚入¥3,045

し尿ゴミ保存袋。一般的なゴミ袋の約10倍の厚さがあるので、破れにくく、においが漏れにくい。バッグ1枚で約50回分のし尿ゴミを入れることができます。

コクヨS&T　TEL0120-201594

タスカルフラワー　¥21,000～

フェイクの観葉植物の鉢に入った防災グッズ。包帯、飲料水、手袋、ホイッスル、万能ナイフが入っています。鉢はバケツやトイレとしても使うことができます。

岩や　TEL0889-26-3444

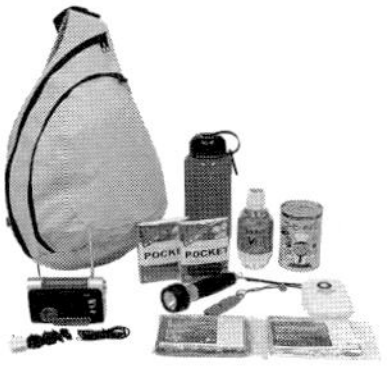

ひとり用防災セット　¥10,500

防災グッズ。帰宅困難者となったときや、自宅から緊急避難を余儀なくされたときに備えて、必要最低限の防災グッズがコンパクトにまとめられています。

ユニトレンド　TEL04-7167-0501

P.156～158を拡大コピーして、
「わが家の防災マニュアル」を作成してみてください。

わが家の防災マニュアル

年　　月　　日 現在

家族との連絡方法

家族と離れているときに災害にあった場合を考えて連絡方法を決めましょう。

方　法		番　号
自宅電話番号		
携帯電話	名前（　　　）	
	名前（　　　）	
	名前（　　　）	
	名前（　　　）	
災害用伝言ダイアル		171

災害用伝言ダイヤルの使いかた

1. 公衆電話から「171」をおす
2. 録音するときは「1」再生するときは「2」
3. 自宅の電話番号を市外局番から
4. ピーのあと話すまたは用件を聞く

家族情報

続柄	名前	誕生日	血液型	既往症	連絡先

いざというとき必要になる連絡先

施設名	連絡先
消防署	
警察署	
役所・役場	
ガス会社	
電力会社	
水道局	
保険会社	
園・学校	

施設名	連絡先
病院	
病院	
駅	
駅	

待ち合わせ場所・避難場所の確認

	場所	ルート	注意すること
待ち合わせ			
避難場所【 地震 】			
避難場所【大火災】			
避難場所【 水害 】			

困ったときに助けになるもの・場所

	位置・場所	どのような助けになるか
公衆電話		
消化器		
ガソリンスタンド		
コンビニ		
メモ		

発災時の行動について

避難時の確認事項について

災害時持ちだしグッズ

グッズ名	数量	グッズ名	数量

決定版
巨大地震から子どもを守る50の方法

2012年 3月11日　初版第1刷発行

著　者　国崎信江+地震から子どもを守る会

イラスト　すぎやまえみこ

発行者　若月眞知子
発行所　㈱ブロンズ新社
東京都渋谷区神宮前6-31-15-3B
03-3498-3272
http://www.bronze.co.jp/
編　集　高野直子　金澤孝江　阿部正美
装　丁　伊藤紗欧里

印　刷　吉原印刷
製　本　田中製本印刷

ISBN978-4-89309-543-5 C0036